BESTACTIVITYBOOKS.COM

Copyright © 2022 LINGUAS CLASSICS

PRIMEIRA EDIÇÃO - 2022

Ilustración gráfica adicional: www.freepik.com
Graças a Alekksall, Starline, Pch.vector, Rawpixel.com,
Vectorpocket, Dgim-studio, Upklyak, Macrovector,
Stockgiu, Pikisuperstar & Freepik.com Designers

Descobrir Jogos Online Grátis

Disponível Aqui:

BestActivityBooks.com/FREEGAMES

5 DICAS PARA COMEÇAR

1) CÓMO RESOLVER LAS SOPA DE LETRAS

Os puzzles têm um formato clássico:

- As palavras estão escondidas sem espaços ou hífenes,...
- Orientação: As palavras podem ser escritas para a frente, para trás, para cima, para baixo ou na diagonal (podem ser invertidas).
- As palavras podem sobrepor-se ou intersectar-se.

2) APRENDIZAGEM ACTIVA

Ao lado de cada palavra há um espaço para anotar a tradução. Para encorajar a aprendizagem activa, um **DICIONÁRIO** no final desta edição permitir-lhe-á verificar e expandir os seus conhecimentos. Procure e anote as traduções, encontre-as no puzzle e adicione-as ao seu vocabulário!

3) MARCAR AS PALAVRAS

Pode inventar o seu próprio sistema de marcação - talvez já use um? Pode também, por exemplo, marcar palavras difíceis de encontrar com uma cruz, palavras favoritas com uma estrela, palavras novas com um triângulo, palavras raras com um diamante, e assim por diante.

4) ESTRUTURANDO A APRENDIZAGEM

Esta edição oferece um **CADERNO DE NOTAS** prático no final do livro. Nas férias, em viagem ou em casa, pode facilmente organizar os seus novos conhecimentos sem a necessidade de um segundo caderno!

5) JÁ TERMINOU TODAS AS GRELHAS?

Nas últimas páginas deste livro, na secção **DESAFIO FINAL**, encontrará um jogo gratuito!

Rápido e fácil! Consulte a nossa colecção de livros de actividades para o seu próximo momento de diversão e **aprendizagem**, a apenas um clique de distância!

Encontre o seu próximo desafio em:

BestActivityBooks.com/MeuProximoLivro

Aos vossos lugares, preparem-se...Vão!

Sabia que existem cerca de 7.000 línguas diferentes no mundo? As palavras são preciosas.

Adoramos línguas e temos trabalhado arduamente para criar livros da mais alta qualidade para si. Os nossos ingredientes?

Uma selecção de tópicos adequados à aprendizagem, três boas porções de entretenimento, e depois acrescentamos uma colherada de palavras difíceis e uma pitada de palavras raras. Servimo-los com amor e máximo divertimento, para que possa resolver os melhores jogos de palavras e se divirta a aprender!

A sua opinião é essencial. Pode participar activamente no sucesso deste livro, deixando-nos um comentário. Gostaríamos de saber o que mais lhe agradou nesta edição.

Aqui está um link rápido para a sua página de encomendas:

BestBooksActivity.com/Avaliacoes50

Obrigado pela vossa ajuda e divirtam-se!

A Equipa Inteira

1 - Dirigindo

```
G A S P И M I O И J Y D Z O И P
P B P P N M H V P O E G S P G O
L E N U T I U I Z A P A M R F L
S P Š T Y U H R U H S P Y E A I
S I Y A G G B O F S E N A Z R C
A M G V K N F G G R N O O Z C I
O E M U C N E C I L G I S S G J
B A Ć E R S E N M B N M P D T A
R Ž K C O N P U Z D Y A S U N G
A A D I T M O H D D J K P Z V S
Ć R O N O G N S U L I C I K P B
A A P Č M G A M T A L M C Y Z B
J G D O L H P C K O L A A И T T
A R A K B O P K P R E V O Z K D
E E F D L K L G U Y G I A K C V
C U P M Y E G M P H I J A F P P
```

NESREĆA   MAPA
KAMION   MOTOR
KOLA   PEŠAK
GORIVO   OPASNOST
OPREZ   POLICIJA
PUT   ULICI
KOČNICE   SIGURNOST
GARAŽA   PREVOZ
GAS   SAOBRAĆAJA
LICENCU   TUNEL

2 - Antiguidades

```
S D V N A T N A G E L E A G F D
K N Y E A U P N Z И D N U И D E
U A Y И K M K E G V A E T T P K
L M O Y I H A C M N F O E N J O
P E O A C A J P I L B B N C E R
T Š R D U G I H N J M I T U N A
U T И F V G C Z R N I Č I M T T
R A O V R T A P Z H E N Č E U I
E J D S V I R B D T E O A T Z V
D I L M U H U U M J C M N N I N
E R U H A G A L E R I J A O J E
L A J I C I T S E V N I K S A T
S T I L D Y S A C G A Z S T S V
T S T E M D E R P A V K A E T E
U B D C T G R M T S O N D E R V
K V A L I T E T C G K Z Y C I G
```

UMETNOST	PREDMET
AUTENTIČAN	AUKCIJI
DEKORATIVNE	NAMEŠTAJ
ELEGANTAN	KOVANICE
ENTUZIJAST	CENA
SKULPTURE	KVALITET
STIL	RESTAURACIJA
GALERIJA	VEK
NEOBIČNO	VREDNOST
INVESTICIJA	STARI

3 - Churrascos

```
P S S V P B O G P U M U P V S B
N O S D J B I B E R O S O И Z R
P S V С И Z V I S U K T R U I H
T I И R I I E J L I T Š O R G K
E O L J Ć V Ž K B E К И D M R O
P S K E O E O M B V H A I P E Z
S A L A T E N U S J E A C Y M G
V R U Ć E G Y Z K E E K A Č U R
T B P A L Y D I D R Y M H D H A
M F K I D S Y K E F G F A C P J
V O F A H I C A C V O Ć E Y O C
S E D T L S Z J A D A R A P Z G
I R Č R V E F G A B L B R N I L
C Z U E E H P N R E F Y Z D V A
Y Y N K R T P L J I J O E M S D
V E D N P A M Y A P T H И V M H
```

RUČAK
POZIV
DECA
NOŽEVI
PORODICA
GLAD
PILE
VOĆE
ROŠTILJ
VEČERA

IGRE
POVRĆE
SOS
MUZIKA
BIBER
VRUĆE
SO
SALATE
PARADAJZ
LETO

4 - Pesca

```
J  I  I  Č  Ž  I  C  E  K  S  S  U  F  C  M  Š
E  K  E  R  A  V  Y  O  B  H  C  P  A  E  C  K
Z  H  C  R  P  M  O  M  И  G  L  R  P  G  B  R
E  L  I  D  S  K  A  D  V  S  P  E  L  F  R  G
R  K  L  R  Y  J  C  C  A  T  G  T  A  T  A  E
O  R  I  M  A  M  A  C  Z  J  T  E  Ž  И  R  S
K  V  V  J  K  O  R  P  I  O  S  R  A  A  O  Z
R  G  D  I  K  K  R  O  F  P  T  I  P  G  T  S
A  A  Y  J  U  U  S  U  C  R  R  V  B  K  I  N
P  E  R  A  J  A  V  R  H  E  P  A  K  U  K  A
C  C  T  N  T  T  L  A  C  M  L  N  A  E  K  O
O  Z  E  O  A  O  F  G  R  A  J  J  A  I  H  S
Z  И  Ž  Ž  M  C  И  Z  J  D  E  A  R  T  O  E
Y  E  I  E  R  R  G  N  D  R  N  G  И  T  S  A
E  A  N  S  G  D  K  O  B  P  J  M  Z  S  И  D
A  S  A  J  E  G  E  Z  C  G  A  L  C  O  A  H
```

VODA	MAMAC
PERAJA	JEZERO
ČAMAC	VILICE
ŠKRGE	OKEAN
KORPI	STRPLJENJA
KUVAR	TEŽINA
OPREMA	PLAŽA
PRETERIVANJA	REKE
ŽICE	SEZONA
KUKA	

5 - Geologia

```
T J L N Y M A K G K K Z O C P H
A N P A D F K R P O I E T C N T
M G J U V N E I U N S M P L K F
K A M E N A K S L T E L A R O K
K Z G K Y E A T J I L J L Y T A
M A N P P O V A J N I O A B T E
O T L R E A E L K E N T R L Z G
I I I C V Z R A H N E R E C F N
D M S H I K N U I T Z E N U Y T
T G O A N J A F K P G S I S A I
H A F I O C U K V A R C M O O T
Z L B R Z J H M O U B V Z T I P
U A S L O J J P V U L K A N Y L
A T I T K A L A T S Y L B P Y A
A S H R O Z E R O Z I J E V J T
A G A P L M E N F D R N Z Y Z O
```

KISELINE	FOSIL
SLOJ	LAVA
KAVERNA	MINERALA
KALCIJUM	KAMEN
KONTINENT	PLATO
KORAL	KVARC
KRISTALA	SO
EROZIJE	ZEMLJOTRES
STALAKTIT	VULKAN
STALAGMITA	ZONI

6 - Ética

```
S  R  A  Z  U  M  N  O  O  A  R  K  I  U  J  M
B  T  S  G  J  E  J  I  C  N  A  R  E  L  O  T
Č  S  R  A  Z  O  H  J  C  B  C  F  T  P  P  E
R  И  P  R  P  A  E  O  T  I  I  D  S  O  T
E  N  V  S  L  A  F  S  J  B  O  L  O  A  Š  I
A  E  L  E  P  J  D  V  M  F  N  O  S  O  T  R
L  R  J  A  Č  M  E  N  A  E  A  Z  T  S  O  G
I  K  U  L  V  A  B  N  J  K  L  O  O  E  V  E
Z  S  B  T  R  Z  N  T  J  A  N  F  J  Ć  A  T
M  I  A  R  E  I  O  S  N  A  O  I  A  A  N  N
A  P  Z  U  D  M  K  O  T  Y  S  J  N  N  J  I
A  M  N  I  N  I  N  R  I  V  T  E  S  J  A  J
I  K  O  Z  O  T  P  D  G  B  O  F  T  E  K  C
H  C  S  M  S  P  P  U  H  P  I  Y  V  A  S  O
V  Z  T  A  T  O  C  M  P  V  L  H  O  V  R  M
I  E  Y  Y  I  D  I  P  L  O  M  A  T  S  K  E
```

ALTRUIZMA
LJUBAZNOST
SAOSEĆANJE
SARADNJA
DOSTOJANSTVO
DIPLOMATSKE
FILOZOFIJE
ISKRENOST
ČOVEČANSTVO
INTEGRITET

OPTIMIZAM
STRPLJENJA
RACIONALNOST
RAZUMNO
REALIZMA
POŠTOVANJA
MUDROST
TOLERANCIJE
VREDNOSTI

7 - Tempo

```
S P P N R K P И Y T J D P И N P
A U H U A A O R T U J H L V E R
T H A И L H E N D O P B D O
I Y H R C E J N Š I D O G И E Š
I P N B И N M U N M P N S T L L
H D D V N D M I Č T E H B V J O
P E Z G K A T U N E R T U I A S
Z B M O A R K P A И T U D F B T
T T R D P H B U D T K I U F J P
B E J I N E C E D V E K Ć U P P
K P A N C K M E S E C A N U H B
S A O A N V A B P J B N O A G K
A A L O D A N A S N P R S A F N
P J D P B R K C F O H K T J D F
H P Z A P T L C A Ć P P D F S K
J C E B U K J G И H B R Z V D C
```

SADA
GODINA
PRE
GODIŠNJE
KALENDAR
DECENIJE
DAN
BUDUĆNOST
DANAS
SAT

JUTRO
PODNE
MESECA
MINUT
TRENUTAK
NOĆ
JUČE
PROŠLOST
NEDELJA
VEK

8 - Astronomia

```
S  D  U  I  R  V  V  N  A  B  C  R  O  R  N  I
S  S  V  E  M  I  R  O  S  P  Z  N  P  A  H  D
M  O  N  E  B  O  K  U  T  L  V  J  S  V  P  A
P  R  L  Z  Z  B  S  F  R  B  E  K  E  N  L  E
Y  L  U  A  И  P  H  Y  O  A  F  S  R  O  F  A
T  Y  A  T  R  O  F  Z  N  M  B  T  V  D  L  F
T  N  U  N  U  N  K  V  A  O  N  R  A  N  L  C
D  M  A  C  E  S  E  M  U  N  C  M  T  E  Y  A
I  R  И  D  T  V  G  T  O  T  E  O  V  N  R
O  J  B  A  J  N  E  Č  A  R  Z  T  R  N  Z  K
R  Z  E  M  L  J  E  A  A  T  K  E  I  I  И  O
E  A  V  O  N  R  E  P  U  S  A  O  J  C  A  S
T  U  K  N  E  B  U  L  A  A  C  R  E  A  Z  M
S  V  N  E  Đ  Ž  E  V  Z  A  S  F  U  C  S  O
A  U  A  U  T  P  O  M  R  A  Č  E  N  J  E  S
I  E  J  I  C  A  T  I  V  A  R  G  I  V  S  S
```

ASTEROID	MESEC
ASTRONAUTA	METEOR
ASTRONOM	NEBULA
NEBO	OPSERVATORIJE
SAZVEŽĐE	PLANETE
KOSMOS	ZRAČENJA
POMRAČENJE	SOLARNE
RAVNODNEVNICA	SUPERNOVA
RAKETA	ZEMLJE
GRAVITACIJE	SVEMIR

9 - Acampamento

```
A E D Š J C V L P B K S M K P K
V K R I U M E K A I A P A S L O
A A V M T M M A P A O Z C L A N
N B E V R P A D O R I R P O N O
T I Ć O P R E M A G B K E V I P
U N A K Ž I V O T I N J E Z N A
R E P K Y Š E P Z U P Y Y J E C
A A P A F A A N E A G B R Y И J
U I Ž S O T J P R N E U O T K E
A T Z O J O G E I Y P I F C P A
P A A B P R K N V S G O M C A S
Š E Š I R E D A D U V I S E Ć A
D P C E Y I N H R U H N V S Z P
B E E И E F G A И S U R S E K M
I N S E K T D A R Y S J K M H O
I B E И C C B R M T E U F Z A K
```

ŽIVOTINJE	ŠUMA
AVANTURA	POŽAR
DRVEĆA	INSEKT
KOMPAS	JEZERO
KABINE	MESEC
LOV	VISEĆA
KANU	MAPA
ŠEŠIR	PLANINE
KONOPAC	PRIRODA
OPREMA	ŠATOR

10 - Ficção Científica

```
E  T  E  M  I  R  O  B  O  T  A  J  S  D  Y  Z
O  E  K  A  M  F  A  N  T  A  S  T  I  Č  A  N
C  H  S  F  A  J  I  S  K  A  L  A  G  K  P  L
R  N  P  D  G  O  K  N  J  I  G  E  B  T  T  U
D  O  L  P  I  K  Č  I  T  S  I  R  U  T  U  F
S  L  O  R  N  E  N  M  E  R  T  S  K  E  J  Y
V  O  Z  O  A  L  J  T  K  И  D  L  A  A  K  N
E  G  I  R  R  A  Ž  O  P  B  I  B  P  P  A  T
T  I  J  O  N  D  N  E  V  T  S  N  A  J  A  T
I  J  E  Č  E  F  S  U  V  P  T  T  T  N  G  A
L  A  J  I  T  K  R  P  K  P  O  K  S  O  I  B
U  J  I  Š  E  A  S  K  Z  K  P  E  A  V  B  A
Z  A  P  T  N  S  A  M  U  Z  I  E  P  G  T  D
I  R  O  E  A  P  C  A  O  Z  J  A  C  S  Y  E
J  H  T  K  L  B  P  D  N  T  A  Z  K  Y  P  A
E  Y  U  I  P  O  F  И  P  P  A  L  C  S  J  J
```

ATOMSKE	ILUZIJE
BIOSKOP	IMAGINARNE
DALEKOJ	KNJIGE
DISTOPIJA	TAJANSTVEN
EKSPLOZIJE	SVET
EKSTREMNE	PROROČIŠTE
FANTASTIČAN	PLANETE
POŽAR	ROBOTA
FUTURISTIČKI	TEHNOLOGIJA
GALAKSIJA	UTOPIJE

11 - Mitologia

```
D S O M P Z B S J L V S K K A J
И И E N U B И Y F V O T D A T C
S N A G E N F B M F P V K T Z V
P V A M U Z J T C A J O U A P B
И V И Z F L A E Z R O R L S N E
F Z K L И U E И D T C E T T N S
Z E И R E D H G T R T N U R R M
C R T I T F F S E H P J R O A R
P O N A Š A N J E N S E A F T T
P M I N I T M N И M D M N E N N
E O R I V E A S A V D A R A I O
F B I O O V G H E R O J И T K S
C U V R D S I A R H E T I P N T
O J A E U O Č T P G U P S J H I
Y L L H Č A N I V A J L M R G Y
A J R K A F E J N A R A V T S F
```

ARHETIP
LJUBOMORE
PONAŠANJE
STVARANJE
STVORENJE
KULTURA
KATASTROFE
SNAGE
RATNIK
HEROINA

HEROJ
BESMRTNOST
LAVIRINT
LEGENDA
MAGIČNE
ČUDOVIŠTE
SMRTNI
MUNJE
GRMLJAVINA
OSVETA

12 - Medições

```
D  S  Y  I  A  Y  K  K  T  U  N  I  M  Š  K  F
J  B  S  N  N  T  N  O  O  Z  S  P  Z  I  U  M
A  T  P  Č  K  U  Z  N  N  K  T  C  R  R  I  N
G  P  U  A  C  N  U  A  A  R  E  H  P  I  E  P
C  E  N  T  I  M  E  T  A  R  P  K  Y  N  A  T
K  K  S  D  A  A  A  D  N  A  E  T  C  A  S  R
I  B  U  A  N  R  Z  E  I  A  N  M  E  T  A  R
L  V  L  L  M  G  T  C  S  И  A  I  P  P  E  T
O  L  I  I  V  O  E  I  I  R  S  A  B  A  J  T
M  Z  T  L  O  L  Ž  M  V  O  P  Y  V  U  J  A
E  A  A  D  L  I  I  A  D  U  Ž  I  N  A  D  H
T  V  R  K  U  K  N  L  D  D  И  U  K  O  Z  E
A  Z  D  G  M  J  A  N  B  P  I  P  Z  A  R  L
R  L  U  K  E  S  U  E  N  N  H  A  I  A  R  F
D  Y  O  S  N  B  P  R  Y  P  H  Z  H  I  D  J
C  N  И  A  N  O  G  P  B  P  I  Z  H  E  R  M
```

VISINA	METAR
BAJT	MINUT
CENTIMETAR	UNCA
DUŽINA	TEŽINA
DECIMALNE	INČA
GRAM	DUBINA
STEPEN	KILOGRAM
ŠIRINA	KILOMETAR
LITAR	TONA
MASE	VOLUMEN

13 - Álgebra

```
И  I  M  F  H  U  Z  F  O  R  M  U  L  U  A  Y
K  K  Z  R  E  Z  A  N  J  A  R  K  S  E  B  M
B  R  O  J  J  N  G  E  D  N  A  E  Z  J  T  K
D  C  Z  M  N  U  R  P  P  H  F  L  J  H  G  B
M  D  A  A  A  A  A  A  O  I  D  Y  T  E  P  D
Y  S  B  T  M  A  D  H  E  J  N  E  Š  E  R  V
R  T  C  R  I  K  A  D  P  N  S  A  A  Z  O  F
O  M  A  I  Z  K  U  D  И  P  I  Š  E  R  M  A
L  P  E  C  U  S  O  J  I  L  P  L  H  H  E  K
D  C  H  A  D  K  O  L  I  Č  I  N  A  Y  N  T
J  P  F  И  O  Z  D  I  J  A  G  R  A  M  L  O
P  R  O  B  L  E  M  O  G  U  F  A  N  B  J  R
F  R  A  K  C  I  J  A  D  E  B  I  P  A  I  N
J  E  D  N  A  Č  I  N  A  S  E  O  J  И  V  F
E  K  S  P  O  N  E  N  T  N  E  И  P  Y  A  T
L  A  Ž  N  E  B  E  N  P  F  J  K  N  U  L  A
```

DIJAGRAM	MATRICA
ODSEK	BROJ
JEDNAČINA	ZAGRADA
EKSPONENT	PROBLEM
LAŽNE	KOLIČINA
FAKTOR	REŠI
FORMULU	REŠENJE
FRAKCIJA	ODUZIMANJE
BESKRAJNA	PROMENLJIVA
LINEARNE	NULA

14 - Plantas

```
P  R  H  S  K  B  B  A  M  B  U  S  F  Z  И  Đ
Z  N  E  M  O  R  Y  N  B  V  I  C  L  M  H  U
J  R  R  U  V  Š  P  I  Z  A  C  P  O  E  O  B
E  B  B  S  Y  L  И  V  H  I  Š  B  R  И  R  R
J  G  O  U  L  J  Y  O  T  L  K  T  E  I  R  I
N  J  V  T  Y  A  N  H  R  I  И  G  A  P  Z  V
T  C  E  K  A  N  E  A  A  Š  B  J  M  U  Y  A
G  S  J  A  C  N  G  M  V  Ć  P  R  U  T  S  S
D  P  D  K  I  S  I  Z  A  E  E  B  Š  U  F  I
B  R  O  J  T  H  A  K  C  V  E  T  M  U  P  I
J  L  U  S  A  P  J  Y  E  D  R  V  O  A  P  G
O  C  N  U  L  M  V  E  G  E  T  A  C  I  J  E
И  H  B  E  R  R  I  Y  K  G  Y  V  O  O  O  B
P  И  F  H  R  G  S  T  E  P  И  L  G  A  F  F
I  И  C  P  U  O  G  O  G  И  Y  N  L  H  M
O  L  U  T  I  A  K  O  D  K  U  И  V  Y  Y  I
```

GRM
DRVO
BERRI
BAMBUS
BOTANIKE
KAKTUS
HERB
PASULJ
ĐUBRIVA
CVET

FLORE
ŠUMA
LIŠĆE
TRAVA
BRŠLJAN
BAŠTA
MAHOVINA
LATICA
KOREN
VEGETACIJE

15 - Veículos

```
T P Y J Z K И T U L D Š P S U S
R B O G F O I M Č I T A R U V K
A H I D E L F O V A N T P B V U
J I S C M A S J L B M L V O H T
E T K P I O D И R L I A V T Y E
K N A G V K R K G U M E C U L R
T U T T A S L N K A R A V A N O
V G O E Y C A O I R A K E T A T
A S U V V D C I S C M E T R O O
A T C И U T O M H L E P M S H M
L N G I P Y T A C M I S K P U B
C P A R T N M K T R A K T O R V
H E L I K O P T E R P F N S N P
C D Z L Z I V J K K K C C U Z U
A R H C P V A L P S D K V P H V
Z J O N Y A K D V A G G U Z F M
```

HITNU
AVION
TRAJEKT
ČAMAC
BICIKL
KAMION
KARAVAN
KOLA
RAKETA
HELIKOPTER

SPLAV
SKUTER
METRO
MOTOR
AUTOBUS
GUME
PODMORNICE
TAKSI
ŠATL
TRAKTOR

16 - Engenharia

```
L T I И S L Y H N H B И P S D K
G E R И P E G A N S P U F T I G
P Č E J I Z N E M I D L I R S E
O N M N K I L E N K D J И U T U
S O E U L D E D R O T O M K R K
E G F N J P D C J G D O T T I O
E I J H C F R S N T I A A U B N
J A U F G B L E U S V J Z R U S
D I J A G R A M Č O N Y A A C T
M M E R E N J E A N A V J N I R
H A Y K A E Z Y R L I M N I J U
K G Š A A T T G B I И K E B A K
G T E I E U G A O B D I R U R C
P A L C N O G O P A I B T D И I
R M K S M A Z F C T S F T D M J
P U C Z Z Y M И T S R B R D E A
```

TRENJA	ENERGIJA
UGAO	STABILNOST
OBRAČUN	STRUKTURA
KONSTRUKCIJA	SNAGE
DIJAGRAM	TEČNOG
PREČNIK	MAŠINA
DIZEL	MERENJE
DIMENZIJE	MOTOR
DISTRIBUCIJA	DUBINA
OSE	POGON

17 - Restaurante # 2

```
S  S  C  O  S  A  Z  P  H  N  R  H  L  P  T  O
R  A  O  L  Z  D  U  K  U  S  N  O  J  J  O  N
U  D  L  C  S  A  P  D  F  A  F  L  S  K  L  P
Č  O  A  A  K  L  C  Y  T  S  T  O  L  I  C  A
A  V  H  R  T  U  E  T  O  R  T  A  R  N  E  C
K  Z  U  E  A  A  Ć  D  N  E  P  K  E  B  I  R
R  M  V  Č  M  Z  R  S  A  N  Y  Š  Z  A  P  J
S  A  H  E  N  И  V  E  P  L  P  U  A  Z  Z  A
J  V  O  V  Z  F  O  S  I  E  F  J  N  S  V  J
K  A  Š  I  K  A  P  U  T  K  L  L  C  L  O  A
A  P  Z  N  R  O  D  P  A  P  R  I  I  E  Ć  P
P  L  S  I  K  A  T  A  K  R  Y  V  S  G  E  H
F  R  O  Č  A  S  H  I  A  L  J  K  P  U  И  D
E  C  F  A  I  H  P  A  B  B  P  I  I  O  J  O
И  A  P  Z  U  O  И  O  R  A  И  O  Z  И  P  Y
B  L  V  M  D  D  I  V  C  R  F  Y  D  K  V  D
```

RUČAK	VILJUŠKA
VODA	LED
NAPITAK	VEČERA
TORTA	POVRĆE
STOLICA	REZANCI
KAŠIKA	JAJA
UKUSNO	RIBE
ZAČINI	SO
VOĆE	SALATA
KELNER	SUPA

18 - Países #2

```
S  C  I  J  V  D  P  G  F  K  D  P  M  I  E  D
A  O  U  G  A  N  D  I  U  C  K  O  P  R  A  G
K  L  M  N  I  G  E  R  I  J  A  J  I  S  U  R
S  G  B  A  J  I  Z  E  N  O  D  N  I  K  R  J
N  S  O  A  L  P  A  K  I  S  T  A  N  A  D  S
A  G  J  Y  N  I  Y  D  N  E  K  Č  R  G  U  B
D  L  U  N  P  I  J  O  A  K  J  A  M  A  J  A
S  F  U  B  P  O  J  E  P  S  B  D  C  R  I  И
D  C  L  I  B  A  N  A  A  U  T  C  V  G  A  Z
M  E  K  S  I  K  O  J  J  C  S  O  H  I  A  G
U  J  И  A  T  R  И  H  A  N  I  J  A  R  K  U
O  I  K  N  I  Y  A  Z  V  A  E  T  G  H  Y  C
A  R  A  Y  A  Z  F  L  L  R  A  P  F  B  A  R
И  I  R  P  H  B  И  C  H  F  A  S  A  K  J  F
И  S  И  I  I  C  E  F  R  P  K  I  A  L  F  N
T  J  Y  И  T  G  K  F  K  L  B  B  N  H  A  Y
```

ALBANIJA	LIBAN
DANSKA	MEKSIKO
FRANCUSKE	NEPAL
GRČKE	NIGERIJA
HAITI	PAKISTAN
INDONEZIJA	RUSIJA
IRSKA	SIRIJE
JAMAJKA	SOMALIJE
JAPAN	UKRAJINA
LAOS	UGANDI

19 - Material de Arte

```
R  F  R  U  G  K  P  T  O  T  U  K  E  M  J  L
A  I  E  G  Z  T  A  N  U  T  L  O  E  I  L  D
S  V  H  A  Z  A  D  M  U  M  J  G  O  N  G  A
P  G  V  L  R  A  O  F  E  Z  E  A  D  N  И  P
A  J  C  J  I  L  V  S  Z  R  И  N  M  P  K  A
K  D  H  K  O  R  I  P  A  P  A  Z  E  B  K  S
V  G  P  U  Y  H  K  Z  V  S  B  L  G  S  D  T
A  U  B  L  A  T  A  A  S  E  T  K  L  E  J  E
R  M  F  J  E  C  L  F  K  Y  S  O  Y  O  C  L
E  I  T  N  E  S  A  Y  P  U  R  A  L  B  O  A
L  C  P  D  A  O  T  E  Y  G  F  Z  D  I  U  F
I  A  H  C  A  V  S  K  O  V  D  A  L  G  C  Y
H  E  J  T  S  O  N  V  I  T  A  E  R  K  И  A
L  E  P  A  K  S  T  O  L  I  T  S  A  M  J  D
Č  E  T  K  E  G  S  L  G  M  H  R  A  C  H  Z
I  O  Z  J  B  K  B  O  J  E  P  P  G  O  F  D
```

AKRIL   BOJE
GUMICA   KREATIVNOST
AKVARELI   ČETKE
KLEJ   OLOVKE
VODA   STO
STOLICA   ULJE
UGALJ   PAPIR
STALAK   PASTELA
KAMERA   MASTILO
LEPAK

20 - Números

```
R U A E M A S O J E D Š I C I D
D V A N A E S T E P V R E K V E
Č Z I L D N E S D G A D A S J C
T E B S E U B E A D C E L I T I
T S T D S L T A N H P V L T E M
R E Č I T A E N P G F F A R S A
I D E C R P J M Z E F F N S E L
N A T P S I B A K E T E V E D N
A M R V T S D S A L D N E J A E
E N N O H P D O B E M N A A V O
S A A G K I E Z D S S D H E D Y
T E E J U L S F T I P A I A S U
N S S P A J E D B I V S Y T P T
A T T A A S T D J A J M F F A D
D T O E T R I Š E S N A E S T Z
S T A L E U T I A D I Z Z A S P
```

PET	ČETRNAEST
DECIMALNE	ČETIRI
DESET	PETNAEST
ŠESNAEST	ŠEST
SEDAMNAEST	SEDAM
OSAMNAEST	TRINAEST
DVA	TRI
DVANAEST	JEDAN
DEVET	DVADESET
OSAM	NULA

21 - Física

```
И D H F B R E M Y T P F E V O H
M L E O R E N R A E L K U N A H
A A M R Z L U K E L O M C J M G
Z T I M I A J I C N E V K E R F
I O J U N T A A N G V S J A N B
T M S L E I H H H R G N A R И J
E E K U K V G T O A A Y C M A M
N L E G Y N E P Z V S P I I I O
G C E И V O A B U I G Z T K M T
A U Z K Z S O A H T P G S P C O
M P I Z T T F V S A T U E P P R
M U R R S R E U K C P K Č Z S U
C L B C Z J O R U I S Z I L C G
G U S T I N E N E J N A Z R B U
M E H A N I K E P E B L K O G M
U N I V E R Z A L N A M C B И E
```

UBRZANJE
ATOM
HAOS
GUSTINE
ELEKTRON
FORMULU
FREKVENCIJA
GAS
GRAVITACIJE
MAGNETIZAM

MASE
MEHANIKE
MOLEKUL
MOTOR
NUKLEARNE
ČESTICA
HEMIJSKE
RELATIVNOST
UNIVERZALNA
BRZINE

22 - Especiarias

```
A O G K N O T O M P H T F U J C
R F B E O R E O V И K F K V U
T C D T L R M O A D R Y P U C F
И D I K E I I T O U L U K S P B
Y K N O S B C J I B G E L S A T
N A И M I M K B A K R O G L V Z
B R K O K U U U I N A R F A Š H
E I A R U Đ F S L B D C C U G L
L A R A M G M J L C E E И G K R
I H D Č R P Z H S F Y R R D S R
L B A J Z И G И B L A N I S A D
U M M H Ć I L I F N A R A K Y C
K A O O G R И R R F M D И G N A
N I M U K O P F U K И A I M T J
S L A T K O P T E F U V V Ć M O
L A Z I Y M Y E V A N I L E E N
```

ŠAFRAN	LUK
SLADIĆE	KORIJANDER
BELI LUK	KUMIN
GORKA	KARANFILIĆ
ANISA	SLATKO
KISELO	KOMORAČ
VANILE	ĐUMBIR
CIMET	BIBER
KARDAMOM	UKUS
KARI	SO

23 - Países #1

```
N T J I A И N P P K V T I N K D
I O V N G C R O D A V K E E M M
C C R L R U G L H I A A V M A A
P J E V I F H J G O R R E A R L
I R J S E Z P S B I U I N Č O I
C P K P Y Š A K S N I F E K K D
I Z R A E L K A E И G C C A O B
G U Z J V A M A N A P U U D O N
B G F I P P O J E I K Y E A U I
K I J N R O N I G E N И L N L K
Y A V A P A R L A F G D A A S A
I A A P B F G A L M D I I K K R
P U H Š V P L T Y I D И P J L A
E I L B R A Z I L J F I B A A G
K A M B O D Ž E I L S B V A T V
D N N A S P J C U E S R A J L A
```

NEMAČKA	ITALIJA
BRAZIL	INDIJA
KAMBODŽE	MALI
KANADA	MAROKO
EGIPAT	NIKARAGVA
EKVADOR	NORVEŠKA
ŠPANIJA	PANAMA
FINSKA	POLJSKA
IRAK	SENEGAL
IZRAEL	VENECUELA

24 - A Mídia

```
T N P S E G O Č S O I D A R Z I
P N M F F I L I K B M F E H U T
F V H V T B O N F R V G F F M C
F I R K E N K J U A V O V A T S
U O N F T M A E R Z U A N J K N
S Z T A D F L N U O C E O I O B
P T N O N E N I N V A J V R M M
O Z G L G S I C M A Z N I T U R
G R A A S R I E K N B A N S N E
O N L I N E A R T J K D E U I Ž
U K G C D T V F A E Y Z M D K A
N Z И A A F J P I N И I A N A A
D I G I T A L N I J J V T I C V
C P O J E D I N A C E E H И I O
K O M E R C I J A L N I A O J A
I N T E L E K T U A L N E E A K
```

STAVOVA
KOMERCIJALNI
KOMUNIKACIJA
DIGITALNI
IZDANJE
OBRAZOVANJE
ČINJENICE
FINANSIRANJE
FOTOGRAFIJE

POJEDINAC
INDUSTRIJA
INTELEKTUALNE
NOVINE
LOKALNI
ONLINE
JAVNI
RADIO
MREŽA

25 - Casa

```
H  S  B  I  B  L  I  O  T  E  K  E  U  N  L  D
Y  L  T  A  S  T  E  R  I  M  S  R  D  N  F  K
И  A  U  N  A  V  A  T  P  E  F  E  K  O  T  Y
G  V  S  G  A  L  T  E  M  Y  R  M  V  F  U  M
H  I  P  E  T  M  S  O  B  A  F  A  V  A  Š  A
Y  N  Z  Z  A  A  E  R  Z  Z  A  T  B  L  Z  P
M  A  S  I  A  И  S  Š  D  M  G  N  И  P  A  N
V  B  P  P  Y  H  D  U  T  M  B  V  N  T  H  R
O  G  L  E  D  A  L  O  Y  A  N  K  C  A  Y  S
K  U  H  I  N  J  A  G  M  P  J  B  A  Š  T  A
E  E  M  И  P  O  J  U  D  R  C  И  И  I  V  T
S  P  D  A  R  V  G  U  A  F  C  R  N  J  J  K
I  T  A  S  O  R  И  R  A  K  A  E  P  P  H  A
P  И  R  U  Z  A  S  P  A  G  C  K  A  R  T  M
O  S  Y  M  O  T  B  D  P  D  I  Z  I  E  A  I
L  A  Ž  A  R  A  G  B  Z  Z  E  A  И  T  I  N
```

BIBLIOTEKE	KAMIN
OGRADE	NAMEŠTAJ
TASTERI	ZID
TUŠ	VRATA
ZAVESE	SOBA
KUHINJA	TAVANU
OGLEDALO	TEPIH
GARAŽA	PLAFON
PROZOR	SLAVINA
BAŠTA	METLA

26 - Vegetais

```
I  L  A  T  A  L  A  S  V  Đ  M  V  Y  N  Z  S
C  K  K  R  E  L  E  C  G  C  U  B  S  Y  J  P
K  U  R  И  T  O  L  A  Š  И  I  M  A  E  A  A
S  L  U  A  A  I  L  O  K  O  R  B  B  N  D  N
S  P  K  P  S  K  Č  F  M  R  I  E  P  I  A  A
E  G  A  E  Y  T  G  O  A  E  P  L  A  S  R  Ć
Z  F  G  R  И  A  U  K  T  M  I  T  I  A  И
K  O  O  T  E  J  Z  V  Š  E  O  L  L  H  P  Z
R  O  T  K  V  I  C  A  A  E  R  U  I  P  B  P
K  H  G  H  E  V  K  U  R  C  K  K  D  E  I  P
A  O  L  A  D  J  E  B  G  B  O  C  Ž  R  P  И
S  I  J  I  N  R  A  C  R  O  T  Y  A  Š  C  R
E  K  I  R  U  O  U  P  R  И  I  L  N  U  F  I
B  K  V  H  B  H  Z  C  S  K  I  B  S  N  H  Y
M  H  A  P  E  R  A  G  R  A  Š  P  L  R  A  E
N  C  L  P  A  M  Y  M  S  Z  U  U  J  A  И  P
```

BUNDEVE	GLJIVA
CELER	GRAŠKA
ARTIČOKE	SPANAĆ
BELI LUK	ĐUMBIR
KROMPIR	REPA
PATLIDŽAN	KRASTAVAC
BROKOLI	ROTKVICA
LUK	SALATA
ŠARGAREPA	PERŠUN
ŠALOT	PARADAJZ

27 - Balé

```
C E K Č I N T E M U O P O B M V
P S E L B Z N R O R V U B F U E
K R Y Z A I R S Y И H B I U Z Ž
O O O I G N I A E I C L M G I B
R L M B И S I R Ž K L I T S K A
K O A P E Y E F K A I K A I A N
E S F P O R I T A M J E L N Č I
S И A M F Z U A L P A A J T A R
T B Y J I Y I I C P R F N E S E
A K I N H E T T S E G M E N E L
R A J I F A R G O E R O K Z L A
G R A C I O Z A N R I Z U I P B
E F A P T J E I C A D P S T G O
E C K P A P И A B Y N L A E A U
D И И G I T P J G A I C G T I N
C V E Š T I N A Z U N S Z J N Z
```

APLAUZ

UMETNIČKE

BALERINA

KOMPOZITOR

KOREOGRAFIJA

PLESAČA

PROBE

STIL

IZRAŽAJAN

GEST

GRACIOZAN

VEŠTINA

INTENZITET

MUZIKA

ORKESTAR

VEŽBA

PUBLIKE

RITAM

SOLO

TEHNIKA

28 - Adjetivos #1

```
T  P  M  O  V  O  N  Č  I  T  A  M  O  R  A  S
И  A  И  K  M  G  Z  A  P  S  I  B  T  T  K  И
O  E  N  D  E  R  V  A  Ž  N  O  O  G  F  I  P
E  N  B  A  A  O  D  A  P  C  K  D  N  J  L  C
N  G  O  L  K  M  P  P  H  S  S  L  A  D  E  N
V  I  Z  R  Š  A  P  U  J  M  И  V  Č  C  V  E
I  S  S  O  E  N  A  Š  U  D  O  K  I  L  E  V
T  K  P  U  T  T  A  M  N  O  N  T  T  F  N  T
K  R  O  M  O  I  A  I  T  B  E  P  N  A  T  S
A  E  R  E  B  Z  Č  G  H  P  Š  S  E  O  U  N
R  N  O  И  G  B  N  V  K  R  L  D  N  L  A
T  U  S  N  L  A  D  I  E  A  V  O  I  A  O  J
A  Z  V  I  M  I  F  A  L  A  A  Y  J  G  S  A
I  A  E  Č  P  N  D  R  B  J  S  J  O  Z  P  T
K  N  S  K  M  A  K  H  V  A  A  E  I  M  A  P
Z  E  S  E  M  O  D  E  R  A  N  N  D  N  S  S
```

APSOLUTNE	ISKREN
AROMATIČNO	IDENTIČAN
UMETNIČKE	VAŽNO
ATRAKTIVNE	SPORO
OGROMAN	TAJANSTVEN
TAMNO	MODERAN
EGZOTIČNE	SAVRŠENO
TANAK	TEŠKA
VELIKODUŠAN	OZBILJAN
VELIKA	VREDNE

29 - Psicologia

```
P O D S V E S T D S N I N O E V
K L I Č N O S T I U K G G G G Y
P L P R O C E N A K И B Z B O J
O F I Z N H A P F O N K P S R L
N Y A N A H И H J B G G H U A И
A A P K I Y P R V A J I C O M E
Š K P F U Č I M E L B O R P F B
A M I S L I K F R A J A C I T U
N Y V И И L T E U G L Y A U U N
J C I D Z И A V T S J N I T E D
E I A C I V E O I E B V O M И T
S T P U R A И N E C O M I S И N
R И I G A G И S E F D F A E T U
I R Z S A S T A N A K S K P E B
S E N Z A C I J A V T S U K S I
O N E S V E S N O K D U G E P U
```

PROCENA
KLINIČKE
PONAŠANJE
SASTANAK
SUKOBA
EGO
EMOCIJA
ISKUSTVA
NESVESNO

DETINJSTVA
UTICAJA
MISLI
LIČNOSTI
PROBLEM
REALNOST
SENZACIJA
SNOVE
PODSVEST

30 - Paisagens

```
O V R T S O U L O P O N R A P B
R K D C D F Y G K V Y A S U P R
E V E D I N E H H J K P Z R L D
Z U N A J L C P R O S И A E A O
E L I P N J L P Y S P A A K N O
J K Ć O K D U B D U И N P E I И
S A E D P U S T I N J I L R N P
N N P O D O L I N I И V A I E Z
L I A V S S D M N I R U Ž F R N
P R K H H V A D C A C И A M D K
R E O P A R C O S T R V O O N Z
J Č H J U O A D P P P A Z R U E
L E D E N O G B R E G A V E T N
A L Z A L I V T A P N Z J Č U V
E G F F S A H K S M U M P S O Y
H N H И I N G S S P D A P O E M
```

VODOPAD

PEĆINE

BRDO

PUSTINJI

GLEČER

ZALIV

LEDENOG BREGA

OSTRVO

JEZERO

MORE

PLANINE

OAZE

OKEAN

MOČVARA

POLUOSTRVO

PLAŽA

REKE

TUNDRE

DOLINI

VULKAN

31 - Dança

```
A F V I P D L P E K R Z J Z E F
B K И L N B P I A O N I Z R Z И
S C A T P B O P P R E N T R A P
V И Z D L K P R S E C A S A U U
C T B M E И E O Y O R Z O V M L
U E L D D M J B C G O N N V P I
I L C O T L I E F R M A T A V D
N O T P A Z C J U A S J E R G P
R A D O S N O L E F E A M M V И
U K U L T U R A T I K Ž U C R S
T I E M O C I J A J И A Y G I A
L Z B D S L P Z Z A F R I T Y M
U U H K N T I N L E U Z I V U K
K M И P R O A K L A S I Č N E H
H N S U N S T V P O K R E T E R
T Z Z T R A D I C I O N A L N I
```

AKADEMIJE
RADOSNO
UMETNOST
KLASIČNE
KOREOGRAFIJA
TELO
KULTURA
KULTURNI
EMOCIJA
PROBE

IZRAŽAJAN
GREJS
POKRET
MUZIKA
PARTNER
STAV
RITAM
TRADICIONALNI
VIZUELNI

32 - Nutrição

```
K  N  P  P  M  H  I  P  E  M  C  J  S  Z  V  Y
T  U  R  A  V  N  O  T  E  Ž  E  N  O  D  I  U
R  E  E  C  F  C  E  N  B  R  J  A  S  R  T  A
M  M  Č  O  M  E  J  N  E  R  A  V  A  A  A  P
A  D  I  N  S  V  I  D  I  J  E  T  A  V  M  K
И  B  C  P  O  F  C  E  O  E  D  T  J  L  I  V
L  A  H  C  V  S  A  P  T  V  E  C  A  J  N  A
L  H  G  L  I  C  T  A  R  A  N  I  Ž  E  T  L
P  K  A  Z  T  Y  N  I  O  R  K  K  J  P  I  I
F  A  U  C  S  E  E  C  V  D  M  R  L  V  T  T
P  L  H  E  E  V  M  J  J  Z  A  E  O  A  E  E
U  O  R  Z  J  P  R  O  T  E  I  N  A  G  P  T
K  R  M  И  O  J  E  T  R  И  Z  U  P  И  A  D
U  I  C  E  И  J  F  S  D  R  C  O  K  P  G  И
S  J  B  A  U  P  R  A  I  C  L  Y  Z  A  B  N
I  A  L  S  H  O  F  S  P  U  R  V  J  B  F  U
```

GORKA
APETIT
KALORIJA
JESTIVO
DIJETA
VARENJE
URAVNOTEŽEN
FERMENTACIJE
SASTOJCI
TEČNOSTI

SOS
TEŽINA
DEO
PROTEINA
KVALITET
UKUS
ZDRAV
ZDRAVLJE
OTROV
VITAMIN

33 - Energia

```
K  P  L  Z  Z  E  E  J  I  R  E  T  A  B  B  P
S  U  N  C  E  A  P  L  E  Z  I  D  Y  R  E  P
E  O  V  I  R  O  G  P  E  V  E  T  A  R  N  A
И  H  J  R  E  M  Z  A  V  K  J  Z  N  Z  Z  O
T  P  F  T  D  G  B  F  Đ  O  T  M  B  D  I  B
T  J  S  V  R  T  Z  I  F  E  U  R  P  K  N  E
O  E  K  P  R  K  A  P  N  D  N  A  O  E  J  L
P  V  M  A  N  I  H  A  I  F  I  J  J  N  O  E
L  I  H  P  M  N  O  G  Z  O  B  I  A  R  H  K
O  J  C  И  P  O  O  A  Y  T  R  R  E  A  U  T
T  L  P  R  U  D  T  M  D  O  U  T  I  E  V  R
E  V  B  G  L  O  B  O  Y  N  T  S  O  L  D  I
P  O  L  O  A  V  T  H  R  D  C  U  Z  K  F  Č
E  N  T  R  O  P  I  J  E  Z  O  D  I  U  G  N
T  B  O  K  R  U  Ž  E  N  J  U  N  U  N  N  I
F  O  U  G  L  J  E  N  I  K  A  I  B  G  F  T
```

OKRUŽENJU	BENZIN
BATERIJE	VODONIK
TOPLOTE	INDUSTRIJA
UGLJENIK	MOTOR
GORIVO	NUKLEARNE
DIZEL	ZAGAĐENJA
ELEKTRIČNI	OBNOVLJIVE
ELEKTRON	SUNCE
ENTROPIJE	TURBINU
FOTON	VETAR

34 - Disciplinas Científicas

```
M O E I M T B U F N Z E H D K T
G E И Z S F H I D C A A E I V E
E B T A J O U E O Z Z K M U D R
O O E E U F C J M L F F I G P M
L T K J O C Z I Y O O I J U H O
O A O I R R J G O T L G E V L D
G N L G F C O O N L T E I T J I
I I O O U G B L V U O Z H J U N
J K G L Y U I O O F T G Y Y E A
E E I O O T C H A G R V I P S M
J P J R И I Y I P L I O M J D I
N N E U V P U S L G И J T B E K
D A H E T G И P L T M E E G N E
I M U N O L O G I J E C P V O H
P F I Z I O L O G I J E Y C P R
C T И K I N E Z I O L O G I J E
```

BIOLOGIJE
BOTANIKE
KINEZIOLOGIJE
EKOLOGIJE
FIZIOLOGIJE
GEOLOGIJE
IMUNOLOGIJE

METEOROLOGIJE
NEUROLOGIJE
PSIHOLOGIJE
HEMIJE
SOCIOLOGIJE
TERMODINAMIKE

35 - Meditação

```
C R S T H D И И D P L E P L F И
L D E A N I Š I T R I O O K M V
G Z Z K O J I И I I L V S A P N
T A F I R S T И Y R Y F M U E B
U O E Z V A E J I O C N A M R P
N R O U L V R Ć P D B J T Z S A
A U I M P R K M A A P D R И P Ž
C N A J I C O M E N L O A M E N
I M U R P T P P P N J U N F K J
L J U B A Z N O S T T E J P T A
S M M И F U A H R B Z A E A I S
I R I P F И D B Y A H P L J V S
M L P R L G U T И V Z K C N E T
И N A C O P B J A S N O Ć E E A
P R I H V A T A N J E C Z Č U V
Z A H V A L N O S T G H J U V U
```

PRIHVATANJE
BUDAN
PAŽNJA
LJUBAZNOST
JASNOĆE
SAOSEĆANJE
EMOCIJA
UČENJA
ZAHVALNOST
MENTALNE

UM
POKRET
MUZIKA
PRIRODA
POSMATRANJE
MIR
MISLI
PERSPEKTIVE
STAV
TIŠINA

36 - Artes Visuais

```
E  P  R  C  Z  U  K  P  Y  Y  S  U  Y  E  R  S
F  Z  S  P  И  G  K  N  P  Z  T  U  V  O  E  K
G  R  И  T  G  A  P  Z  B  M  A  E  P  L  M  U
T  L  B  U  H  L  J  P  V  Y  L  V  P  O  E  L
E  Y  I  P  T  J  U  V  I  V  A  I  B  V  K  P
T  S  O  N  V  I  T  A  E  R  K  T  F  K  D  T
Z  O  B  O  E  K  I  M  A  R  E  K  O  A  E  U
Y  R  K  L  D  I  L  A  K  U  C  E  T  V  L  R
A  P  E  B  E  N  J  L  J  S  F  P  O  O  O  E
V  C  И  A  R  T  A  U  Y  B  D  S  G  S  V  O
A  Z  G  Š  K  E  E  P  K  C  D  R  R  A  P  E
T  C  A  P  P  M  N  R  T  G  T  E  A  K  B  J
S  O  R  L  И  U  Z  K  T  P  Y  P  F  S  I  R
A  R  H  I  T  E  K  T  U  R  A  U  I  P  L  J
S  L  I  K  A  R  S  T  V  O  O  G  J  P  E  P
U  N  O  R  P  C  J  P  P  B  C  P  A  P  B  S
```

GLINE
ARHITEKTURA
UMETNIK
OLOVKA
UGALJ
STALAK
VOSAK
KERAMIKE
SASTAV
KREATIVNOST

SKULPTURE
ŠABLON
FILM
FOTOGRAFIJA
KREDE
REMEK-DELO
PERSPEKTIVE
SLIKARSTVO
PORTRET
LAK

37 - Moda

```
T  B  N  A  M  O  R  K  S  L  I  H  O  P  T  L
R  R  U  H  P  O  D  D  N  K  H  L  R  R  E  T
D  Z  E  V  I  N  D  E  E  M  U  J  I  A  K  V
Z  S  R  N  J  A  C  E  Ć  H  U  K  G  K  S  N
I  F  E  Z  D  V  O  T  R  U  H  I  I  T  T  A
M  Y  M  R  D  A  N  I  N  A  K  T  N  I  U  J
G  E  A  Y  S  T  I  L  A  S  N  U  A  Č  R  V
S  K  U  P  O  S  O  И  B  J  J  B  L  N  E  K
G  V  R  E  A  O  H  J  O  C  D  A  N  E  G  C
P  D  H  F  F  N  T  P  D  N  A  G  E  S  Č  C
F  R  P  I  B  D  B  H  U  H  F  D  Y  K  I  B
P  A  R  R  U  E  A  J  D  U  G  M  A  D  P  A
D  T  O  E  E  J  R  C  K  V  K  A  И  D  K  U
L  R  M  I  N  I  M  A  L  I  S  T  A  S  E  V
K  V  C  A  O  E  L  E  G  A  N  T  A  N  F  C
P  O  V  O  L  J  N  I  M  I  P  I  Y  U  S  B
```

POVOLJNIM	MODERAN
VEZ	SKROMAN
DUGMAD	ORIGINALNE
BUTIK	PRAKTIČNE
SKUPO	ČIPKE
UDOBAN	ODEĆU
ELEGANTAN	JEDNOSTAVAN
STIL	TKANINA
MERE	TREND
MINIMALISTA	TEKSTURE

38 - Instrumentos Musicais

```
D G T F V I O L O N Č E L O T M
M И I A L B I P P C P И E И R Z
H T A S M A A D G P И H H O U Y
H A R F E B U T A H L A M Ž B U
K U A S G R U T A B L R D D A S
L D Y A L P N R A K T M G N O G
A A F K H A I N A P K O A E I И
R R Y S N M L O T Š J N A B U B
I A U O C S O B C Z A I E Y M B
N L G F D C I M F P H K M H Z N
E J J O P L V O Y L И A R H A U
T K D N E Z D R Z F H O Y C E D
A E Z I V G I T A R A O G D V C
M A N D O L I N A A P A P V V Y
F Y A G Y F A G O T B Y V I I N
K L A V I R G A T Y F F O B O U
```

MANDOLINA
BENDŽO
BATAK
KLARINET
FAGOT
FLAUTA
HARMONIKA
GONG
HARFE
OBOU

TAMBURAŠA
UDARALJKE
KLAVIR
SAKSOFON
BUBANJ
TROMBON
TRUBA
GITARA
VIOLINU
VIOLONČELO

39 - Adjetivos #2

```
D Y O D P P A Z F D S M T D N U
V A R O L O R U K G U H V T S A
Z F A P Y J Z I T A V C M Z A N
S C F И H Y N R E A A S D A A
P K P T P C R U A O N O G R A D
E L E G A N T A N T D T K A J A
N O R M A L N O B B S N I V V R
N V K R E A T I V N E C O Č F E
O I N V I T K U D O R P N D A N
V J S O P I S N I E D G A I T N
A L E J V U D R N Z V C L V S Y
N M C S B R J Y S E J T S L I Y
M I Z D A D V R O Ć И T K J Č G
L N G P P D N P N U S M P A Z E
F A H O D G O V O R A N H M D U
J Z H И P F M P P V U V K R A D
```

AUTENTIČAN
KREATIVNE
OPISNI
NADAREN
ELEGANTAN
POZNAT
JAK
ZANIMLJIVO
PRIRODNO
NORMALNO

NOVA
PONOSNI
PRODUKTIVNI
ČISTA
VRUĆE
ODGOVORAN
SLANO
ZDRAV
SUVA
DIVLJA

40 - Roupas

```
Č E S S M И Y G L I N R Y T F P
T A J L E C E K A J N K U S P I
Š D R E P M E Ž D P Z T И P H D
S E J A J L U Š O K C P N Y A Ž
A C Š A P B D F M T S O R P Z A
M I B I K E N A R U K V I C A M
K V L L R N Y K G U V P O И U E
I A U J A O U A S A N D A L E I
K K Z Z E L A P A L L R U F K L
I U A G C A I U J E A E И E R S
J R N V K T M T O P K V B G E A
P K I S И N U P I G K C C M R
H A J G M A A F A C Y A P H R A
S И L A H P O G R L I C A T A F
E S A J P R F U O O J T R P F G
K P H E J L U M S V D B G I K A
```

KECELJA
BLUZA
PANTALONE
KOŠULJA
KAPUT
ŠEŠIR
POJAS
OGRLICA
JAKNU
FARMERKE

RUKAVICE
ČARAPE
MODA
PIDŽAME
NARUKVICA
SUKNJA
SANDALE
CIPELA
DŽEMPER
HALJINA

41 - Herbalismo

```
J  V  J  I  P  Š  A  F  R  A  N  S  T  R  B  A
K  O  R  I  J  A  N  D  E  R  E  O  U  U  O  C
Y  И  U  G  T  S  P  F  P  C  L  O  P  Z  S  P
C  K  E  F  V  G  L  V  Z  T  E  G  L  M  I  A
Z  M  V  S  P  И  A  A  N  I  Z  V  T  A  L  R
U  V  P  O  T  E  V  C  Z  P  P  N  N  R  J  O
K  V  O  R  P  R  M  Z  P  P  D  Z  S  I  A  M
C  V  N  V  T  N  A  T  S  I  R  O  K  N  K  A
C  I  A  B  И  Y  C  G  B  E  L  I  L  U  K  T
A  B  C  L  C  D  M  L  O  C  K  P  L  J  A  I
K  O  A  L  I  И  J  J  N  N  O  E  A  S  J  Č
И  C  A  Š  M  T  T  B  A  L  M  R  V  B  O  N
U  K  U  S  T  И  E  M  G  R  O  Š  A  A  T  O
O  R  J  M  T  A  M  T  I  J  R  U  N  I  S  E
B  I  L  J  K  A  D  U  R  A  A  N  D  A  A  V
M  A  J  O  R  A  N  A  O  G  Č  S  E  F  S  Y
```

ŠAFRAN	BAŠTA
RUZMARIN	LAVANDE
BELI LUK	BOSILJAK
AROMATIČNO	MAJORAN
KORISTAN	ORIGANO
KORIJANDER	BILJKA
ESTRAGON	KVALITET
CVET	UKUS
KOMORAČ	PERŠUN
SASTOJAK	ZELEN

42 - Arqueologia

```
S  P  P  И  Z  A  H  T  F  T  U  S  Z  И  I  R
O  G  H  R  A  M  I  T  A  N  Z  O  P  E  N  E
E  И  R  P  E  K  S  P  E  R  T  G  D  V  I  L
R  O  S  E  F  O  R  P  K  S  C  D  C  Y  D  I
E  O  B  J  E  K  T  E  I  E  I  T  S  O  K  K
N  P  I  Y  J  A  G  K  T  P  V  T  F  Y  P  V
I  P  O  V  C  L  M  V  N  A  I  J  E  D  H  I
D  P  A  T  A  H  S  A  A  G  L  I  S  O  F  J
O  V  O  L  O  R  И  O  Y  J  I  M  V  M  S  A
G  И  H  C  I  M  O  И  A  A  Z  I  L  A  N  A
L  L  H  T  H  P  A  B  M  O  A  P  O  И  T  Y
P  R  O  C  E  N  A  K  A  L  C  D  G  J  V  И
M  I  S  T  E  R  I  J  A  Z  I  V  A  U  E  J
I  S  T  R  A  Ž  I  V  A  Č  J  N  V  И  D  L
G  R  O  B  N  I  C  A  G  Y  E  D  R  A  S  U
V  Z  M  S  O  G  Y  D  L  O  S  F  G  O  J  B
```

ANALIZA
GODINE
ANTIKE
PROCENA
CIVILIZACIJE
POTOMAK
NEPOZNAT
TIM
ERE
EKSPERT

ZABORAVIO
FOSIL
ISTRAŽIVAČ
MISTERIJA
OBJEKTE
KOSTI
PROFESOR
RELIKVIJA
HRAM
GROBNICA

43 - Agronomia

```
M Z F H M O F E E H B Z S T P E
U T S A R C И Ć B И O A R J R R
E N H I N L A R U R L G V S O O
K O B J S V P V F I E A O E I Z
O U R K S T M O G A S Đ D M Z I
L A V G R U E P K N T E A E V J
O P P V A J S M G A I N J K O E
G U A A K N Đ L I U S J L J D U
I U B U Y E S U K K Z A M L N A
J A I V A Ž D K B E G N E I J R
E T V S I U L M I R C G Z B A P
M I B И J R I S V И I A M U G F
P R V R Y K F Y Z D E V O И H C
E F P Y P O O D R Ž I V A C L Y
E N E R G I J A P I B A И И H B
И F P O L J O P R I V R E D E R
```

POLJOPRIVREDE
OKRUŽENJU
VODA
NAUKE
RAST
BOLESTI
EKOLOGIJE
ENERGIJA
EROZIJE
ĐUBRIVA

POVRĆE
ORGANSKI
BILJKE
ZAGAĐENJA
PROIZVODNJA
RURALNIH
SEME
SISTEMI
ZEMLJA
ODRŽIV

44 - Frutas

```
M  I  I  L  U  G  G  D  K  O  S  F  K  F  B  Y
Z  A  J  G  S  H  K  T  U  S  P  G  F  I  J  Z
D  K  L  Y  R  Z  M  S  P  O  A  L  M  G  H  A
J  N  V  I  R  R  E  B  I  K  P  N  S  R  M  O
P  E  N  A  N  A  B  L  N  O  A  N  A  A  L  C
И  S  B  Ž  R  E  S  R  A  K  J  C  Y  N  P  F
K  K  O  D  A  K  O  V  A  B  A  L  F  I  A  V
V  I  Š  N  J  E  F  A  R  R  R  S  K  R  R  A
E  I  Z  A  L  C  J  J  H  M  T  E  S  A  K  N
P  И  A  R  T  Z  Y  D  G  V  I  U  S  T  U  V
Z  P  T  O  G  N  A  M  L  U  O  U  P  K  S  V
P  F  Y  M  A  Z  A  Y  I  U  P  O  U  E  V  P
H  I  R  O  J  C  I  H  M  P  S  A  C  N  H  E
B  Y  A  P  U  G  И  L  U  J  A  B  U  K  A  D
P  F  Z  S  K  I  V  I  N  G  R  O  Ž  Đ  A  V
K  A  J  S  I  J  E  K  Š  U  R  K  R  J  D  U
```

AVOKADO	KIVI
ANANAS	POMORANDŽA
KUPINA	LIMUN
BERRI	JABUKA
BANANE	PAPAJA
VIŠNJE	MANGO
KOKOS	NEKTARINA
KAJSIJE	KRUŠKE
FIG	BRESKVE
MALINE	GROŽĐA

45 - Corpo Humano

```
P R J E E B O L G Z I N Č O K S
T R A M E E L Z A T A N C F O A
T O D T A R V N N I O P T U L P
O K A O S G K L C O B T F Y E G
T G R Z O U P R L P I I J P N S
U O B F N M L P V T T S F R O H
S R C E J S Y E M U B D A K V E
V L D V U J P L L M Y F L P I P
U V O H E U D A N D O K O R L G
Y B C I D D Z H O E Č Z C S I D
L A K A T G S G G H E B A T C F
Y K F J D L P V U P L P G K E F
Z U B И A A Y U A Ž O K M E L L
F R L Z K V Y I I F N R Y Z O D
H P B A S A U D H R P I Y P E Y
A P N S A A P O P C N A V F V H
```

USTA
GLAVA
MOZAK
SRCE
LAKAT
PRST
KOLENO
VILICE
RUKA
NOS

OKO
RAME
UVO
KOŽA
NOGU
VRAT
BRADA
KRV
ČELO
SKOČNI ZGLOB

46 - Caminhada

```
A R O C M A Y K V Y K E U R U A
U M O R A N F L O N A K Š E T M
E M V V A B I I D J M S U N C E
J A Ž O L O P F A J E Č U A E R
N P F E U U H B U E N I T G D P
I A I Z J O L G T N J Z Y R Y I
T O P A S N O S T I E M Z J B R
O S E M P V A И E N Y E T R G P
V И S I R S R V R A C K G S K S
I U G L I H A E O L G U Y G J R
Ž O P K R R V B M P И E S И P D
G G A H O H O C F E M B R B J B
H C F S D C V Z S U A A J P C T
И Y B P A P A R K O V A K E U B
K V O D I Č I D I V L J A A H N
C E И C A G Z Y P H I V R U И
```

KAMPOVANJE

ŽIVOTINJE

VODA

ČIZME

UMORAN

KLIMA

VODIČI

MAPA

PLANINE

PRIRODA

POLOŽAJ

PARKOVA

KAMENJE

KLIF

OPASNOSTI

TEŠKA

PRIPREMA

DIVLJA

SUNCE

VREME

47 - Biologia

```
F  H  H  G  G  N  G  E  B  M  I  O  A  P  R  M
O  R  O  N  C  D  S  Y  A  V  R  E  N  D  M  N
T  O  R  H  M  N  R  И  K  I  I  C  E  F  J  V
O  M  M  J  A  N  I  E  T  O  R  P  G  И  J  И
S  O  O  J  I  P  N  A  E  J  I  C  A  T  U  M
I  Z  N  И  F  N  N  O  R  U  E  N  L  K  J  M
N  O  K  L  A  D  F  N  I  E  И  P  O  N  I  P
T  M  Z  I  J  V  M  D  J  R  R  S  K  Z  L  J
E  H  F  K  E  H  P  O  A  A  B  S  I  A  E  D
Z  R  E  G  O  Y  J  R  S  S  I  M  R  A  Ć  S
A  Z  H  V  Z  И  F  I  L  I  T  P  E  R  A  P
S  I  N  A  P  S  E  R  B  S  Z  E  L  N  C  O
L  A  I  V  F  R  S  P  Y  U  F  N  Y  Y  И  R
A  N  A  T  O  M  I  J  E  F  K  Z  P  H  Z  T
S  I  M  B  I  O  Z  E  S  P  И  I  P  P  V  O
E  V  O  L  U  C  I  J  E  Z  O  M  S  O  V  P
```

ANATOMIJE	SISAR
BAKTERIJA	MUTACIJE
ĆELIJU	PRIRODNO
KOLAGENA	NERVA
HROMOZOM	NEURON
EMBRION	OSMOZE
ENZIM	PROTEINA
EVOLUCIJE	REPTIL
FOTOSINTEZA	SIMBIOZE
HORMON	SINAPSE

48 - Beleza

```
U  M  P  M  И  H  R  T  D  U  L  A  D  P  S  Z
S  P  A  J  B  И  Z  P  A  E  N  O  L  I  M  И
L  E  B  U  G  A  S  C  B  B  A  D  N  S  T  C
U  E  Š  M  I  N  K  A  R  A  K  S  A  M  C  K
G  N  L  B  V  L  F  J  S  T  I  F  T  R  O  Z
E  K  G  E  J  R  И  O  I  S  T  O  N  A  G  P
J  O  O  И  G  G  L  B  D  I  E  T  A  Š  L  P
M  L  A  Ž  P  A  И  I  O  L  M  O  G  E  E  A
U  I  M  O  A  J  N  V  V  I  Z  G  E  J  D  C
P  B  R  E  V  L  O  C  Z  T  O  E  L  N  A  P
G  T  A  I  P  U  P  A  I  S  K  N  E  M  L  C
V  N  F  G  S  И  M  Y  O  J  Ž  I  A  A  O  G
U  M  U  P  D  G  A  G  R  R  U  И  O  Z  I  R
T  И  E  Y  E  V  Š  N  P  Z  R  A  A  R  P  E
B  P  Z  M  O  F  P  U  J  O  E  N  F  N  S  J
U  O  Z  U  A  G  F  И  M  A  K  A  Z  E  Y  S
```

RUŽ	MIRIS
LOKNE	GREJS
ŠARM	ŠMINKA
BOJA	ULJA
KOZMETIKA	KOŽA
ELEGANTAN	PROIZVODI
ELEGANCIJU	MASKARA
OGLEDALO	USLUGE
STILISTA	MAKAZE
FOTOGENИAN	ŠAMPON

49 - Filantropia

```
G F A A Y Z O M F F V A S F M Č
Z A J E D N I C A S Y P R I L O
И I S P T B D Y A N R B E N A V
Y J D U K N U M M D R И D A D E
C M V R M I J K I J N K S N O Č
T M P G I S L O M S E B T S S A
E E S C L K I N A A I R V I T N
D V U F O R S T R A G J A J B S
D E C A S E T A G Z Z E A A A T
T J B O T N O K O Z E R Z E T V
K L D F I O R T R T J A V N I O
K I A R N S I I P L R D F И V B
B C G B J T J Z B P R E N V C G
A N A Z U T A H O N L A B O L G
V E L I K O D U Š N O S T A A I
I Z A Z O V A P И U P C P D U Z
```

MILOSTINJU
ZAJEDNICA
KONTAKTI
DECA
IZAZOVA
FINANSIJA
SREDSTVA
VELIKODUŠNOST
GLOBALNO
GRUPE

ISTORIJA
ISKRENOST
ČOVEČANSTVO
MLADOST
MISIJA
TREBA
CILJEVE
LJUDI
PROGRAMI
JAVNI

50 - Ecologia

```
P F L O R E I M K S Y E O G R V
A R N S L K R O U T E B P L A O
E N I N A L P Č F A H И S O Z L
R E H R N A I V A N V R T B N O
O Š C V O K H A U I V L A A O N
E U P I O D Z R N Š Y E N L L T
F S K Ž N U A A E T E E A N I E
A L L R I D U A J E J T K O K R
J P Y D M A E L I Y B I Z C O A
F H D O O C K J C И G Č И G S H
N H P C R A J H A C K I V A T C
G E A E S R L И T Z G L Y O Z Y
R D A I K U I Y E P P Z I L J U
P M Z V I E B G G P K A O M J И
H И P F H J V Y E O U R G T A P
P R I R O D N O V R E S U R S E
```

KLIMA
ZAJEDNICE
RAZNOLIKOST
FAUNE
FLORE
GLOBALNO
STANIŠTE
MORSKIH
PLANINE
PRIRODNO

PRIRODA
MOČVARA
BILJKE
RESURSE
SUŠE
OPSTANAK
ODRŽIV
RAZLIČITE
VEGETACIJE
VOLONTERA

51 - Família

```
D Z R M I K P L M И N Y R F Z P
L O F H A T A V V G Z A D F A D
D E T I N J S T V A K A B P K V
T T E I P P A T C J A A Z B T
E E Ć E R K A R D E A R O Đ A K
T D Y K E U J Z E D Y T D S S A
K V B S Z N N B S D I R O Z E J
A M Y N L U I И R L A L J L S U
T N V I И C K U L A K K A D T B
Z И I Č O S A N T A T K И B R Y
Ž H N O И U Ć R C Z E V A K A N
U U T H N P E K S N I Č J A M E
M A J K A R N P A Y B G Z L G Ć
L P D V D U M C B R Z A V P A A
A M Y A G G C U Z H C M A И K K
K R O T P A N D Y C B И T J J L
```

PREDAK	MAJČINSKE
BAKA	MAJKA
DETE	UNUK
DECA	OTAC
SUPRUGA	OČINSKE
ĆERKA	ROĐAK
DETINJSTVA	NEĆAKINJA
SESTRA	NEĆAK
BRAT	TETKA
MUŽ	UJAK

52 - Férias #2

```
O O P A E J I C A V R E Z E R N
N S D S T R A N A C E B H S E V
D G T M P A Ž S T V S E I V И F
O D M R O T A Š G G T Z R B P T
B H A И V R L B T N O O S V R G
O O T F L O P O M T R C T O M N
L P A S O Š F E F A A P A M O M
S M J A D T O M P P N B Z P R V
L Y Y I E J N A V O T U P P E U
E J I F A R G O T O F N Z B L T
T Z S P N P O H V I Z A H H G S
O O K J И T И D P Y R J J Y F J
H V A P F P Y Y R V I O K N O J
C E T Š I D E R D O O K E U E R
Z R U M I Z K A A N M R S H B H
I P L A N I N E I G S E P D D P
```

AERODROM
ODREDIŠTE
STRANAC
ODMOR
FOTOGRAFIJE
HOTEL
OSTRVO
SLOBODNO
MAPA
MORE

PLANINE
PASOŠ
PLAŽA
REZERVACIJE
RESTORAN
TAKSI
ŠATOR
PREVOZ
PUTOVANJE
VIZA

53 - Edifícios

```
G E O E A Z A L U K C R S S O Š
N A T S F A M T F I V O T U P A
O U R O A M B F F I U T H P S T
I K A A A A B B F M C U E E O R
D V B M Ž K S Y I M R A F R R R
A V M E R A A L O K Š N L M V U
T И A M A N D E S C F M H A A N
S Y E O Y K E T K I A P H R T I
B O L N I C A Š O I M J P K O V
A N F A P P B I P C R S T E R E
G N A E И E T R R S T B F T I R
V D S T L E T O H Y D K A A J Z
M Z M I K J E Z U M И L G F E I
L K O E V Z L O C H A И B O B T
O P K M B H Z P R Y K D Z R F E
L A B O R A T O R I J A C Z V T
```

STAN
ZAMAK
AMBAR
BIOSKOP
AMBASADE
ŠKOLA
STADION
FARMI
FABRIKE
GARAŽA

BOLNICA
HOTEL
LABORATORIJA
MUZEJ
OPSERVATORIJE
SUPERMARKETA
POZORIŠTE
ŠATOR
KULA
UNIVERZITET

54 - Aventura

```
Š  E  N  T  U  Z  I  J  A  Z  A  M  D  V  E  H
V  A  V  O  N  P  R  I  J  A  T  E  L  J  I  A
H  V  N  O  O  И  P  J  P  G  M  R  И  J  I  P
Y  O  T  S  O  N  V  I  T  K  A  T  O  P  E  L
V  Z  S  P  A  M  E  R  P  I  R  P  U  V  Ć  S
И  A  O  A  R  S  L  P  P  V  G  U  N  D  U  I
T  Z  D  U  U  I  P  A  U  D  O  Z  H  D  J  G
T  I  A  A  U  Z  R  D  Z  K  R  E  A  N  U  U
S  C  R  U  F  N  P  O  A  L  P  T  C  Y  Đ  R
O  P  A  S  A  N  J  И  D  M  K  Š  V  F  A  N
R  F  O  Y  C  U  J  I  C  A  G  I  V  A  N  O
B  Y  P  E  D  P  M  K  V  V  Z  D  B  A  E  S
A  И  E  J  I  Z  R  U  K  S  K  E  P  A  N  T
R  Y  R  Y  И  C  U  J  N  C  O  R  G  Z  Z  G
H  H  P  C  T  E  Š  K  O  Ć  E  D  J  B  I  S
K  H  P  A  J  Y  O  N  Č  I  B  O  E  N  Y  H
```

RADOST	EKSKURZIJE
PRIJATELJI	NEOBIČNO
AKTIVNOST	PROGRAM
LEPOTA	PRIRODA
HRABROST	NAVIGACIJU
ŠANSA	NOVA
IZAZOVA	OPASAN
ODREDIŠTE	PRIPREMA
TEŠKOĆE	SIGURNOST
ENTUZIJAZAM	IZNENAĐUJUĆE

55 - Floresta Tropical

```
D  P  Y  I  R  E  H  K  U  K  A  G  K  D  H  C
Ž  R  J  T  E  R  A  Z  N  O  L  I  K  O  S  T
U  I  M  K  S  M  F  V  P  E  N  D  E  R  V  Z
N  R  M  E  T  Š  I  Č  O  T  U  U  F  P  Z  P
G  O  L  S  A  R  A  S  I  S  I  R  E  T  O  N
L  D  A  N  U  B  H  G  U  R  Z  C  Z  O  L  A
I  A  D  I  R  N  F  I  K  V  J  U  E  R  I  A
D  V  F  V  A  D  R  U  A  Y  R  R  N  B  И  U
O  O  P  И  C  D  Z  A  J  E  D  N  I  C  A  T
P  D  N  A  I  T  A  V  O  T  Š  O  P  F  B  O
S  O  O  H  J  N  Y  P  M  K  Z  V  J  S  I  H
T  Z  B  A  A  O  Č  U  V  A  N  J  E  C  A  T
A  E  L  M  A  H  O  V  I  N  A  A  B  E  C  O
N  M  A  I  P  M  Y  U  B  K  C  P  E  C  H  N
A  C  C  L  И  R  H  E  A  И  M  E  И  O  M  I
K  I  I  K  Č  I  N  A  T  O  B  E  V  C  Z  H
```

VODOZEMCI
BOTANIČKI
KLIMA
ZAJEDNICA
RAZNOLIKOST
VRSTE
AUTOHTONIH
INSEKTI
SISARA
MAHOVINA

PRIRODA
OBLACI
PTICE
OČUVANJE
UTOČIŠTE
POŠTOVATI
RESTAURACIJA
DŽUNGLI
OPSTANAK
VREDNE

56 - Cidade

```
A U N I V E R Z I T E T P P C E
L P P P A L J R P N Y O B E V V
O S O N T L N И И Y Y B E K E G
K U E Š I R O Z O P P Y A Ć C
Š P B R E R E S T O R A N R A P
Z E I V B K J E O A P D O A R O
M R O O K A E K E T O I L B I B
K M S O V N N N G L A B A R N Y
D A K Z U O J K T H N L S B E H
P R O S G I E I E G B L H H E A
B K P O L D Z H Ž O I U G S M B
L E T O H A U И V A V A T N E L
N T U J R T M H M O R D O R E A
M A A E Z S B K F V I A R G G I
Y H D R Y G A L E R I J A S I O
T R Ž I Š T E K I E B Z M J O N
```

AERODROM	ZOO VRT
BANKE	KNJIŽARA
BIBLIOTEKE	TRŽIŠTE
BIOSKOP	MUZEJ
ŠKOLA	PEKARA
STADION	RESTORAN
APOTEKE	SALON
CVEĆAR	SUPERMARKETA
GALERIJA	POZORIŠTE
HOTEL	UNIVERZITET

57 - Música

```
T H A M H I R H O S N G P A T A
E V R G L B I K A D A L A B D D
M L J F D I T F L R U A J A I H
P G F S T N A O H A M U B L A O
O R G M V I M M V Z S O T Y N R
T O A N R Z A N I P E I N O G D
J L S H A G V O D K P M Č I U T
B S P F Č T E K O P R J O N J B
V N K N I N P Y L A K O V V E E
A I M U Z I Č K E S T L F M D B
G M I T U K K M P R P I O F V
C A Z N M S P E S N I Č K E N O
T N E M U R T S N I F O P E R E
R J N L N I P E V A Č I C A D E
G E L U J L G G P S C P J A F B
A A S A I M P R O V I Z U J E M
```

ALBUM
BALADA
PEVAM
PEVAČICA
KLASIČNE
HOR
SNIMANJE
HARMONIJE
IMPROVIZUJEM
INSTRUMENT

LIRSKI
MELODI
MIKROFON
MUZIČKE
MUZIČAR
OPERE
PESNIČKE
RITAM
TEMPO
VOKAL

58 - Matemática

```
P O P B E V G J R A D I J U S F
K R O O И R R E E K V S I T R
N Z A V O L G U O D I H M И S A
P E И V N Z F U A M N B E P V K
T N E N O P S K E I E A M A M C
K C O A G U O R T B E T Č K C I
S C N P P B G H P O N R R I I J
K V A D R A T A T J L P P I N A
P R E Č N I K Z O M A T O N J A
P E R I M E T A R N M U L L V E
A R I T M E T I K A I V I E O K
F I C R H G H I H I C K G L L Y
S I M E T R I J A R E P O A U F
U P R A V N O Z L Z D I N R M Z
P B U J O Y R A J G A Y A A E G
P A R A L E L O G R A M И P N U
```

ARITMETIKA
UGLOVA
OBIM
DECIMALNE
PREČNIK
JEDNAČINA
EKSPONENT
FRAKCIJA
GEOMETRIJE
PARALELNI

PARALELOGRAM
PERIMETAR
UPRAVNO
POLIGONA
KVADRAT
RADIJUS
PRAVOUGAONIK
SIMETRIJA
TROUGAO
VOLUMEN

59 - Saúde e Bem Estar #1

```
L O V F C T V I S I N A A R A H
V E A T T B R P P Y Y P K E P J
K B K N И E K E V O L H T F O P
G P V A T S O B T И M I I L T C
R B O C R K Ž C I M И C V E E T
B Z A J I P A R E T A I A K K C
I K K K H O R M O N A N N S E P
O Z I S T S U D V E H I K U Y N
P Y V Z D E Z N S V E L G R T И
A C A V I Ž R G Y F T K O I P J
I R N R D I K I S G L A D V I D
B K E F I L N T J P R E L O M P
L P A J I C A S K A L E R A L И
Y Y B J J D H O P K V Y D C F E
N J G N T G L K J N P F K U C L
M P И O L B T U G G S U Z L E K
```

VISINA
AKTIVAN
BAKTERIJA
KLINICI
LEKAR
APOTEKE
GLAD
PRELOM
NAVIKA
HORMONA

LEK
ŽIVACA
KOSTI
KOŽA
STAV
REFLEKS
RELAKSACIJA
TERAPIJA
TRETMAN
VIRUS

60 - Imigração

```
G И A A S P Ć O M O P U N A N R
Y A O S T E B F R E Š E N J E D
E P Y D R A J I C A U T I S F D
M A R M E Y Z C T J И C S T B M
K J K O S Z R I A N S H C A A J
И I A D K V C R O A E C I V I D
L C A M E D R O U R C M И N U U
Z A K O N C R D V A O M U N Y J
M K I G N N A O P V R T G K B I
P I Z G P C M B I O P I S N O O
M N E F И N P R N G M C S P G D
G U J H Z R D E Z E B K U E M U
L M Z K Z J P N B R M Y I A L G
J O C H A G S J M P O Z M H H M
G K G L N I E B M A T S Z C A
O D R A S L I Z A Š T I T A K P
```

ODRASLI

POMOĆ

ODOBRENJE

KOMUNIKACIJA

DECA

DOKUMENTI

STRES

IVICE

STAMBENI

ZAKON

JEZIK

PREGOVARANJA

OFICIR

ROK

PROCES

ZAŠTITA

SITUACIJA

REŠENJE

61 - Natureza

```
A N V P T R E Č E L G A A G A D
K L J Y V R E J N I T O V I Ž I
T Y F B A I O K A Y C N A K P V
V E P U O O J P E J K R S M S L
O Y V A H U D J S M C I L E H J
B P U S T I N J I K A M U A B A
L J I N L A T I V A E L E Č P E
A L N K E O T A И B T U O C M R
C I A I P R I C L A Š R U H T O
I Š V T O E T Š I L I T E V S Z
V Ć T K T B F L B G N A T U Z I
N E H R A A K T T A O N Y S E J
D I N A M I Č A N M L I R И K E
M S J G M S L A N Z K O H T D P
E O B B Z U S T V R S K U E O H
Z G A U O Z Š S P O K O J A N J
```

PČELE	GLEČER
SKLONIŠTE	MAGLA
ŽIVOTINJE	OBLACI
ARKTIK	MIRNO
LEPOTA	REKE
PUSTINJI	SVETILIŠTE
DINAMIČAN	DIVLJA
EROZIJE	SPOKOJAN
ŠUMA	TROPSKE
LIŠĆE	VITALNI

62 - A Empresa

```
O G T K V A L I T E T N P T M K
K D L O P S I C T S T A R N O C
P N L O F M I I A R A P O A G U
U A A U B C E N U S R F K U K K
T Z N P K A N I I S E E E R Ć N
U G L E D A L R I E S D S E N T
H N D D H F A N J R M A I A O P
J E D I N I C E O P G K O T S R
E I N V E S T I C I J A N I T O
R V I N D U S T R I J A A V O I
I N O V A T I V N E A I L N P Z
T T O D O H I R P H Z A N E K V
A L E J N E L S O P A Z I P J O
K K S T A E U P S V H A M I K D
R R P I R K R B A P U F P T Y R
B H H D T E P T O P M A H G F M
```

KREATIVNE
ODLUKA
ZAPOSLENJE
GLOBALNO
INDUSTRIJA
INOVATIVNE
INVESTICIJA
POSAO
MOGUĆNOST
PROIZVOD

PROFESIONALNI
NAPREDAK
KVALITET
PRIHOD
RESURSE
UGLED
RIZICI
TRENDOVE
JEDINICE

63 - Doença

```
B  T  P  L  P  R  S  L  A  B  F  M  B  Z  I  L
T  R  B  U  Š  N  J  A  C  I  U  S  И  G  V  U
K  D  A  S  A  E  N  D  E  L  S  A  N  G  C  N
Z  J  M  S  I  N  D  R  O  M  M  B  M  V  C  E
K  O  S  T  I  Z  R  L  U  M  B  A  L  N  E  N
K  L  F  G  P  A  R  O  H  M  T  I  K  Z  T  Č
T  E  L  O  E  R  P  C  T  E  T  I  N  U  M  I
T  Y  H  N  P  A  J  I  T  A  P  O  R  U  E  N
S  M  E  V  M  Z  E  T  E  A  R  A  V  A  J  O
Z  D  R  A  V  L  J  E  F  D  F  I  I  A  I  R
N  N  O  M  Y  I  S  R  C  E  B  U  P  O  G  H
T  T  A  P  A  T  O  G  E  N  A  P  L  S  R  N
G  E  N  E  T  S  K  E  D  R  A  A  H  F  E  N
P  L  U  Ć  N  E  S  E  G  K  U  L  Y  T  L  R
T  E  R  A  P  I  J  A  T  И  L  U  M  C  A  G
D  T  D  G  P  G  P  N  И  P  N  P  T  Y  C  M
```

TRBUŠNJACI	UPALU
ALERGIJE	LUMBALNE
ZARAZNE	NEUROPATIJA
SRCE	KOSTI
TELO	PATOGENA
HRONIČNE	PLUĆNE
SLAB	RESPIRATORNA
GENETSKE	ZDRAVLJE
NASLEDNE	SINDROM
IMUNITET	TERAPIJA

64 - Aquecimento Global

```
K  P  P  L  M  P  U  J  A  P  Y  P  N  J  P  S
Y  L  I  R  O  O  U  И  R  B  D  S  A  G  O  F
B  A  I  И  F  S  E  N  E  R  G  I  J  A  P  S
P  O  Y  M  Z  L  Z  N  P  Z  V  V  O  D  U  A
P  J  B  P  A  E  I  A  B  A  U  L  V  A  L  I
A  O  N  P  F  D  R  U  U  K  B  D  Z  L  A  N
K  H  D  A  И  I  K  Č  D  O  B  O  A  V  C  D
K  Z  U  A  P  C  H  N  U  N  A  Z  R  V  I  U
T  И  V  P  T  E  P  I  Ć  A  V  M  K  F  J  S
R  Y  N  P  U  A  K  K  N  J  J  H  J  V  E  T
D  R  P  P  M  A  K  Š  O  L  O  K  E  O  И  R
G  R  A  B  L  A  D  A  S  И  Z  R  T  A  A  I
J  J  P  A  K  Z  P  J  T  A  S  P  R  S  L  J
A  G  P  Z  P  A  Ž  N  J  A  G  G  Z  C  K  A
G  E  N  E  R  A  C  I  J  E  A  R  K  T  I  K
T  M  D  B  U  M  E  Đ  U  N  A  R  O  D  N  I
```

SADA
EKOLOŠKA
PAŽNJA
ARKTIK
NAUČNIK
KLIMA
POSLEDICE
KRIZE
PODATAKA
RAZVOJ

ENERGIJA
BUDUĆNOST
GAS
GENERACIJE
VLADA
INDUSTRIJA
MEĐUNARODNI
ZAKONA
POPULACIJE

65 - Aviões

```
D N И N K F H Y P S U S L V A V
G A E F R A L Y M U I R E S R A
F A E B P K Z P O V T L Y A U Z
A J I R O T S I T I R N A T T D
J Y U C V A R P O S R C I Z N U
I P O И I K Z K R I S P P K A H
C Z C F R R G P И N Z L O O V K
K Z E P O Y C D U A S A S H A M
U T T U G Z P L F U H P A P J A
R C E D B U J A V A V U D A N B
T Y A A E N P H J A И A E R A V
S M N E J I C N E L U B R U T T
N R B J D S K P D B A L O N E J
O I H U S I I E I P I L O T L R
K T K T J V A C И V O S Z T S Z
A T M O S F E R A V O D O N I K
```

VISINU
VISINA
VAZDUH
SLETANJA
ATMOSFERA
AVANTURA
BALON
NEBO
GORIVO
KONSTRUKCIJA

SILAZAK
PRAVCU
VODONIK
ISTORIJA
NADUVAVAJU
MOTOR
PUTNIK
PILOT
POSADE
TURBULENCIJE

66 - Tipos de Cabelo

```
T  P  T  K  M  N  N  J  I  Y  A  A  U  I  A  G
A  S  A  N  O  D  O  G  U  D  S  M  J  U  A  K
N  I  L  Y  R  V  A  R  D  Z  V  P  G  Z  D  P
A  V  A  A  B  A  R  P  J  J  Z  P  U  E  E  N
K  A  S  F  E  E  B  D  E  S  V  V  P  E  D  A
T  V  A  N  R  C  L  H  Ž  U  A  A  K  E  M  F
Y  A  S  J  S  I  V  A  L  A  N  E  Z  K  K
F  L  T  F  G  N  P  I  N  P  V  J  H  N  Z  A
L  P  A  F  U  E  A  L  A  N  H  A  D  S  E  I
O  J  V  Ć  G  T  B  P  E  N  E  J  O  B  O  Z
R  Y  U  A  E  E  S  P  N  T  O  S  I  E  D  B
C  L  S  V  I  L  U  A  K  B  E  V  A  V  E  V
U  V  P  M  K  P  A  C  O  E  O  N  G  Y  B  R
P  A  Z  Y  E  P  A  V  L  O  Z  D  I  G  E  Z
B  L  J  J  O  R  V  U  V  T  P  R  E  O  O  P
Z  L  P  Z  D  G  N  P  O  H  K  O  U  P  A  G
```

BEO
SJAJNA
LOKNE
ĆELAV
SIVA
OBOJENE
KOVRDŽAVA
TANAK
DEBEO
PLAVA

DUGO
BRAON
TALASASTA
SREBRO
CRNA
ZDRAV
SUVA
MEKA
PLETENI
PLETENICE

67 - Criatividade

```
U D S A E F O U C P И I F Z S I
S R P U Y M R J B S J N C C E N
T A O T И I O I A L L V J F N S
P M N E M R B C V N H I P K Z P
O A T N Y T H I I F J T K G A I
S T A T C E P U H J H N A A C R
Y I N I P J C T D T A E S E I A
V Č I Č J A S N O Ć E V I K J C
E A Z N F P C I M P H N T Č A I
Š N Y O V I Z I J E S I U I M J
T U Z S O S E Ć A N J A U N P A
I H O T I N T E N Z I T E T D M
N P A U O H Š O I E A Y I E E I
A N P L U J A M Y I C R Y M P R
M A K Y N R M A D D T H Z U G J
V I T A L N O S T S Y I D I И A
```

UMETNIČKE
AUTENTIČNOST
JASNOĆE
DRAMATIČAN
EMOCIJA
SPONTANI
IZRAZ
VEŠTINA
SLIKA
MAŠTE

UTISAK
INSPIRACIJA
INTENZITET
INTUICIJU
INVENTIVNI
SENZACIJA
OSEĆANJA
VIZIJE
VITALNOST

68 - Dias e Meses

```
P V C S R U G J J T K A J S G L
O H Z C V T H H O G I P И E E N
N N P F Z O P I A S K T V P G O
E F O P N R E J F O Y T M T Z A
D M L V H A T S U G V A E E M Y
E P R G E K A Č A E E K S M E A
L I R P A M K D E B P A E B T B
J E G И L E B И G T H И C A Y O
A D E R S E K A C Y V N A R K K
K N R A U N A J R A U R B E F T
V U I C I P L L J U N B T R V O
N H D D Z N E E F V M P A A P B
Z D D O O Y N D S U B O T A K A
K F G F T G D E A G V N P Z J R
Y V И V A A A N E D F C M J U T
U B Z C P D R A B M E C E D L J
```

APRIL
AVGUST
GODINA
KALENDAR
DECEMBAR
SUBOTA
FEBRUAR
JANUAR
JUL
JUN

MESECA
NOVEMBAR
OKTOBAR
SREDA
ČETVRTAK
PONEDELJAK
NEDELJA
SEPTEMBAR
PETAK
UTORAK

69 - Saúde e Bem Estar #2

```
V  I  E  A  R  S  K  A  U  B  B  И  M  B  A  D
C  V  J  O  L  E  P  J  P  Z  K  P  A  O  P  I
E  J  N  E  Ž  O  L  O  P  S  A  R  S  L  E  J
J  P  E  A  J  I  G  R  E  N  E  T  A  N  T  E
I  V  R  K  A  E  N  H  M  B  K  K  Ž  I  I  T
M  M  A  Z  D  P  C  F  I  I  J  Z  A  C  T  A
O  A  V  M  F  O  O  R  E  G  Z  R  P  A  S  T
T  P  K  I  P  A  V  N  V  K  I  Y  M  O  E  K
A  B  O  V  I  T  A  M  I  N  C  J  J  A  L  T
N  Z  C  R  T  E  Ž  I  N  A  E  I  E  D  O  E
A  B  B  D  A  J  I  R  O  L  A  K  J  N  B  L
K  R  V  O  A  V  A  R  D  Z  H  L  U  E  E  O
N  U  H  U  Z  R  A  A  L  E  R  G  I  J  E  Z
N  Z  P  I  M  M  E  K  G  E  N  E  T  I  K  E
C  И  C  I  R  J  P  F  F  R  A  И  Y  M  E  H
T  T  R  E  A  E  K  G  U  B  K  V  R  L  D  T
```

ALERGIJE	HIGIJENE
ANATOMIJE	BOLNICA
APETIT	RASPOLOŽENJE
KALORIJA	INFEKCIJE
TELO	MASAŽA
DIJETA	TEŽINA
VARENJE	OPORAVAK
BOLEST	KRV
ENERGIJA	ZDRAV
GENETIKE	VITAMIN

70 - Geografia

```
E  J  T  Z  M  И  Z  H  I  O  O  J  P  O  V  I
A  V  S  M  A  P  A  E  Y  P  K  G  P  O  I  R
L  A  T  N  Y  K  A  M  R  J  M  E  P  M  S  O
D  S  J  M  R  Y  S  I  I  И  T  N  A  P  I  O
N  V  O  H  K  S  E  S  И  P  И  K  K  N  N  E
I  A  R  T  C  V  A  F  A  M  H  O  C  R  U  A
Z  A  P  A  D  E  Z  E  G  I  O  N  M  E  J  M
E  J  I  R  O  T  I  R  E  T  S  T  E  A  L  O
G  R  A  D  M  U  R  E  P  И  T  I  R  H  M  R
R  G  S  A  L  T  A  E  H  И  R  N  I  N  E  E
E  B  E  S  Z  E  S  H  K  O  V  E  D  A  Z  V
G  Z  V  E  P  H  K  Y  E  O  N  I  Z  R  F
I  V  E  P  L  A  N  I  N  E  F  T  J  V  Y  A
O  Y  R  G  I  T  L  S  J  M  G  O  A  L  J  F
N  H  J  R  G  F  L  E  U  B  A  H  N  A  И  И
A  E  K  V  A  T  O  R  G  A  S  I  T  U  R  J
```

VISINU	PLANINE
ATLAS	SVET
GRAD	SEVER
KONTINENT	OKEAN
EKVATOR	ZAPAD
HEMISFERE	ZEMLJU
OSTRVO	REGIONA
MAPA	REKE
MORE	JUG
MERIDIJAN	TERITORIJE

71 - Antártica

```
C H I L I C G S T C G Z F Y P P
F J D M V A M I N E R A L A I O
J D N D O U D K E J A R U N N L
P N T V D E L O N N T U E T G U
G Z J U A M M R I A D T M S V O
D L D T A H U A T V G A A I I S
M R E Z I I E Z N U J R L O N T
T D E Č E E M H O Č N E A A I R
A U J N E Ž U R K O D P U P L V
E J I F A R G O P O T M A K B O
K N C Y Z P A K O V B E T A C P
L J A O O C Y I T N A T N D D A
R A R U G E K S P E D I C I J E
B A G E Č A V I Ž A R T S I G I
E P I I T N N R Z K O S T R V A
J N M R B E E J I F A R G O E G
```

OKRUŽENJU
VODA
BEJ
NAUČNE
OČUVANJE
KONTINENT
KOV
EKSPEDICIJE
GLEČERA
LED

GEOGRAFIJE
OSTRVA
ISTRAŽIVAČ
MIGRACIJE
MINERALA
POLUOSTRVO
PINGVINI
ROKI
TEMPERATURA
TOPOGRAFIJE

72 - Flores

```
N A Z O F K P A B J G M O F P I
V B P Y A H S C G U P F H B L И
N F G I B T E N K J K C H M U H
I A J C Y S D C И K U E P A M P
R G A R D E N I J A V D T G E J
S U K S I B I H M V R N E N R P
R K Ž F G A N G D U A A R O I Z
N A T A N I L E T E D V K L J V
L A J E D I H R O A V A O I A C
A O V L L I L I И Z P L C J T P
T U P O M A K A F G Y A N E N Y
I Y Y И G P F P P J B O U G I A
C B O Ž U R H K A Č A L S A M M
A K B V P A O L A L A B T B S G
J L A J P I Z J E D A E A C A D
K G K O H O C E H A B Y A S J A
```

BUKET

MASLAČAK

GARDENIJA

SUNCOKRET

HIBISKUS

JASMIN

LAVANDE

JORGOVAN

LILI

MAGNOLIJE

DEJZI

ORHIDEJA

MAKA

BOŽUR

LATICA

PLUMERIJA

RUŽA

DETELINA

LALA

73 - Fazenda #1

```
P A E P T Y O S И J L K V И A Z
F I V K A A M G G P A N A R V Z
P P L L L P A A E L E T A O A U
Y A R E G S Č K H A L N O G R R
A J S O N E K F A A J A N R K R
И N F T B K A Z O K Z R E A K C
Z I M A G A R A C Z O M S D E M
I V D L Z B E Y I Z C Z G E P V
K S E D E R V I R P O J L O P P
G Z L A A R O И P I R I N A Č O
I P K N L P D P F D A F P K C L
V R J P T P A P Đ U B R I V A J
A B A D M J P Č E L A K O N J E
E O A L O H S Z V R P И L V F T
L И E T S E K I A P I Z V C K Z
N P Z R U J Z T C O A A K T Z V
```

PČELA   OGRADE
POLJOPRIVREDE   VRANA
PIRINAČ   SENO
VODA   ĐUBRIVA
TELE   PILE
MAGARAC   MAČKA
KOZA   MED
POLJE   SVINJA
KONJ   JATO
PAS   KRAVA

74 - Livros

```
I  R  И  K  M  U  P  N  A  I  N  N  R  P  I  Y
S  E  S  K  C  O  P  E  H  N  O  U  S  R  И  C
T  L  E  K  S  P  E  I  P  V  P  G  J  I  I  A
O  E  R  O  T  A  R  A  N  E  M  E  И  Č  R  U
R  V  I  Y  D  N  Z  D  Y  N  Z  R  S  A  F  T
I  A  J  N  E  A  E  M  E  T  Č  Y  V  M  P  O
J  N  A  I  O  R  I  E  A  I  F  I  U  B  A  R
S  T  J  A  O  T  N  C  M  V  H  H  T  И  E  N
K  N  I  M  T  S  K  E  T  N  O  K  S  A  N  A
I  O  C  A  N  N  L  T  M  I  H  A  O  K  Č  P
K  S  K  A  V  A  N  T  U  R  A  И  N  Z  I  I
P  N  E  K  N  J  I  Ž  E  V  N  E  J  F  G  S
D  O  L  И  N  E  E  V  P  P  D  G  O  M  A  A
U  E  O  P  B  L  A  J  D  P  J  K  V  Y  R  N
S  R  K  P  O  E  Z  I  J  E  A  D  D  E  T  U
R  Y  A  A  D  L  A  G  R  O  M  A  N  Y  L  K
```

AUTOR	ČITAČ
AVANTURA	KNJIŽEVNE
KOLEKCIJA	NARATOR
KONTEKST	STRANA
DVOJNOST	PESMA
NAPISAN	POEZIJE
EPSKE	RELEVANTNO
PRIČA	ROMAN
ISTORIJSKI	SERIJA
INVENTIVNI	TRAGIČNE

75 - Chocolate

```
P I K D J E N Z H P J U I Š Y U
K I K I R I K I A K R O G E P R
S A S T O J A K R N P U L Ć L A
Y U И K L L K L P N A И Y E G K
N E M O R A Y A H A Z T F R G O
R P N U И E A V R P H I S A S K
O T R Č S T I G S A A I U K H O
K V A L I T E T И O M A K R I S
R K Y A И T P P G M T E U K V M
K S И Y N F O A J I R O L A K E
P G H V Y H K Z U L P O F R D R
U K U S N O T U G J P A A O P P
C P B A J A A T P E C E R I C K
M E K P T K L E K N И D И A I I
A D Y B J A S D B I D M И D H C
A N T I O K S I D A N S D B K C
```

ŠEĆERA
GORKA
KIKIRIKI
ANTIOKSIDANS
AROME
ZANATSKI
KAKAO
KALORIJA
KARAMEL
KOKOS

UKUSNO
SLATKO
EGZOTIČNE
OMILJENI
UKUS
SASTOJAK
PRAH
KVALITET
RECEPT

76 - Governo

```
B S B N G F N V R N B V P D J D
R V E O A R E G O J T O R E E I
M Z H K T C K T V I V J T M D S
D R Ž A V E I S O K R U G O N K
N Y K Z R R T O G Z И K H K A U
S U D S K E I N N J R И J R K S
F E D O B O L S S A K Y D A O I
L I D E R F O I S P L O И T S J
L E T S P A P V I D O N K I T E
C I V I L N I A M E R M A J Z L
U S T A V H K Z B A N D E E T Y
A G L J C A G E O P A T B N R P
J P P L L C C N L C C T E И I C
G M Y Y K M F P C C I F B S I K
G I G A P K L Z T V J B O Z N Y
M C Z F P R A V D A E F C R T U
```

CIVILNI
USTAV
DEMOKRATIJE
GOVOR
DISKUSIJE
OKRUG
DRŽAVE
JEDNAKOST
NEZAVISNOST
SUDSKE

PRAVDA
ZAKON
SLOBODE
LIDER
SPOMENIK
NACIONALNA
NACIJE
POLITIKE
SIMBOL

77 - Jardinagem

```
S  N  D  Z  D  E  K  T  И  S  P  Z  K  J  S  A
O  M  A  A  B  F  K  P  E  E  R  E  O  И  E  J
V  R  S  T  E  Ć  Š  I  L  Z  L  M  M  C  M  G
E  K  A  J  N  Ć  O  V  И  O  J  L  P  L  E  V
R  T  M  M  Č  B  C  V  D  N  A  J  O  I  G  O
C  H  F  V  I  P  J  J  F  S  V  A  S  S  A  P
Y  E  K  A  T  L  D  U  P  K  Š  U  T  T  L  T
V  E  D  A  O  C  K  O  V  I  T  S  E  J  V  U
O  F  Z  B  Z  H  P  B  I  B  I  N  T  E  V  C
D  R  M  D  G  F  U  R  N  U  N  H  E  D  M  D
A  V  R  A  E  A  F  B  V  K  E  E  V  U  B  Z
B  O  T  A  N  I  Č  K  I  E  M  Z  C  U  E  I
K  O  N  T  E  J  N  E  R  T  A  G  M  B  K  V
H  J  I  P  S  P  O  V  Y  J  I  A  C  M  U  C
C  A  G  Y  И  Z  A  A  V  A  S  P  O  V  M  U
B  A  G  L  H  P  M  O  N  L  U  T  N  R  Y  I
```

VODA
BOTANIČKI
BUKET
KLIMA
JESTIVO
KOMPOST
VRSTE
EGZOTIČNE
CVET
CVETNI

LIST
LIŠĆE
CREVO
VOĆNJAK
KONTEJNER
SEZONSKI
SEME
ZEMLJA
PRLJAVŠTINE
VLAGE

78 - Profissões #2

```
E O J U P S A Y G N A V O S S N
B A N P S R L O V K J O J U Y J
C V A G O L O I B V U A И C T L
I G I V L F V N K G G R U R I H
F O T O G R A F A A F A R M E R
O L O O P A G M F L R B D F I I
Z O L D A K И U G P A U И I L S
O O I S T E S A Č N J Z C N U T
L Z P T U L B S M I C Y A D S R
I H I K A B S O G V T M S Č T A
F K L I N G V I S T A E K Z R Ž
B A Š T O V A N N R H P L R A I
Y P O H R I N Ž E N J E R J T V
T P I A T P L D K S L H A P O A
Z C K K S N O V I N A R G Z R Č
I P F R A K E T O I L B I B V P
```

FARMER

ASTRONAUTA

BIBLIOTEKAR

BIOLOG

HIRURG

ZUBAR

INŽENJER

FILOZOF

FOTOGRAF

ILUSTRATOR

PRONALAZAČ

ISTRAŽIVAČ

BAŠTOVAN

NOVINAR

LINGVISTA

LEKAR

PILOT

SLIKAR

UČITELJ

ZOOLOG

79 - Negócios

```
O P D O B I T N A D F U R M P I
G O N E L S O P A Z I H A P R N
P R B A T S U P O P N G D J I V
R E M U T U K P M R A K N Z H E
O Z F J D J L И A N N A J K O S
D O D V T Ž G A D F S R U O D T
A J B K И P E R V R I I G M P I
J S Z H И S H T E U J J F P O C
A C T N J G P Y J M A E A A S I
K A N C E L A R I J E R B N L J
F K J A N B C E M K V A R I O A
U Š S V M И O A O F K V I J D L
H O A O Y E Y R N L A U K A A J
L R И N K И O A O H R O E S V R
I T D A L I C Z K L J C P F C P
G L G A R E N J E Z J Y V T A H
```

KARIJERA
TROŠKA
POPUST
NOVAC
EKONOMIJE
ZAPOSLENOG
POSLODAVCA
KOMPANIJA
KANCELARIJE
FABRIKE

FINANSIJA
POREZ
INVESTICIJA
RADNJU
DOBIT
ROBE
VALUTE
BUDŽET
PRIHOD
PRODAJA

80 - Fazenda #2

```
P D D J L O F O E L E R Z L P I
Š A C I N Š O K J R I H T M A N
E M B Y И A E U N S I V L K T C
N B T Y D K O Z G И A M A Z K S
I A I B Z C K E A J Y T K D A E
C R V J U P D H J И R F E Z A I
E J N I T O V I Ž M F V L H P E
B R И A A T A U M C O E M D O Ć
T N A V O D N J A V A N J E V O
D R И F G A P Y R P I B D C R V
F A A J E Č A M R B A I C V Ć O
И A P K P E P Z P T M V D O A Ć
J V R I T S A P E P V H И F R N
P J O M P O G P S S A L A M E J
B J F V E A R P K U N Y O D И A
A F C Z U R U K U K L P V S H K
```

FARMER
ŽIVOTINJE
AMBAR
JEČAM
KOŠNICA
JAGNJE
VOĆE
NAVODNJAVANJE
MLEKA
LAME

ZRELE
KUKURUZ
OVCE
PASTIR
PATKA
VOĆNJAK
LIVADA
TRAKTOR
PŠENICE
POVRĆA

81 - Jardim

```
A C G L O K C S M M V V N C J A
U A U R C L U P L C I O G R J И
V A J N M U H J P G S Ć M E R T
N V G C C P И A A Y E N U V M E
P И R J U A D R V O Ć J B O I V
A I A O R V P E C E A A P G I C
Z P B V P A I И I U T K V L E L
A U L K A R E P G A R A Ž A Z I
T A J S И T U I И T S E F P P J
B N E И E A L J O A A S Z G E L
K A J N V A R T B P L S F E M R
P K Š И Z K Z D S O O A A D J И
M C N T A M T N I L O P M A R T
O K J A A Z E M L J A S A R E T
I Z И E L U O I И T P S A G S Z
U H P M S I O A J S G P L O O N
```

GRABLJE
GRM
DRVO
KLUPA
OGRADE
CVET
GARAŽA
TRAVA
TRAVNJAK
BAŠTA

JEZERU
VISEĆA
CREVO
LOPATA
VOĆNJAK
ZEMLJA
TERASA
TRAMPOLIN
TREM
VAJN

82 - Oceano

```
D I A Z C E Š H S A R U G V G H
M E D U Z A M K A И V Z R B D O
L E J P B Z Z B A И U S E B B B
Č A M A C A P A J M T E B A E O
J Z P G Y Y C J L V P S E H И T
I A Y N F G P S U P O I N J S N
R V I B D G A P G S U N Đ E R I
I C F L E I O A E A Z F E M D C
B U T E L L Y Č J E E G T I I E
E S R R F D Z A N U T V I L D E
C M V E I N Z J A T L S A P U И
K U A V N S L N L A R O K H H H
P R F D P L H R G A J K U L A D
M O A И G K T O E O S T R I G A
Y H S B D I P K L S G N K H V E
P N E O A T S N I D P S S U T P
```

ALGE
TUNA
KIT
ČAMAC
ŠKAMPI
KRABA
KORAL
JEGULJA
SUNĐER
DELFIN

PLIME
MEDUZA
OSTRIGA
RIBE
HOBOTNICE
GREBEN
SO
KORNJAČA
OLUJA
AJKULA

83 - Profissões #1

```
K A R T O G R A F U J T K S K E
V E T E R I N A R P D G R J O H
U J D I T I C I U D Y S O A A A
U V P S I H O L O G R T J V O P
G L H R C A O И N P F C A V O L
M O R N A R G P G И P И Č A G F
A Y P N A R E C M K R A T A L Z
D J L G R R O D A S A B M A V M
V N E U K B L M F T K S B M F И
O A S M M И O E M O N O R T S A
K U A U A E G P I J A N I S T A
A Č Č Z L B T P V P B M R R E M
T N I I V G T N K V F G G P K G
U I C Č C S T K I N D E R U O L
J K A A S A K P B K S E S T R A
Z O U R V A T R O G A S A C D N
```

ADVOKAT
KROJAČ
UMETNIK
ASTRONOM
BANKAR
VATROGASAC
LOVAC
KARTOGRAF
NAUČNIK
PLESAČICA

UREDNIK
AMBASADOR
SESTRA
GEOLOG
ZLATAR
MORNAR
MUZIČAR
PIJANISTA
PSIHOLOG
VETERINAR

84 - Força e Gravidade

```
D  G  A  I  L  A  D  J  N  N  M  P  P  Y  C  F
P  I  J  P  Y  H  F  T  E  Ž  I  N  A  I  E  Z
R  P  N  E  K  S  P  A  N  Z  I  J  A  A  N  C
I  F  E  A  F  E  K  I  Z  I  F  N  K  A  T  U
T  J  R  D  M  K  B  N  O  V  R  E  M  E  A  D
I  И  T  U  T  I  B  R  O  A  P  U  D  S  R  A
S  N  U  T  U  N  Č  M  Z  B  E  I  B  M  I  L
A  P  N  E  O  A  J  A  C  I  T  U  R  A  G  J
K  N  B  R  H  H  J  C  N  H  N  G  J  H  Z  E
I  U  T  K  Y  E  H  G  O  L  L  A  E  H  G  N
E  M  B  O  V  M  Y  Y  B  N  J  U  O  O  N  O
H  М  И  P  S  V  O  J  S  T  V  A  S  S  R  S
P  L  A  N  E  T  E  P  T  S  Z  K  M  J  E  T
O  T  K  R  I  Ć  E  R  E  S  U  A  U  Y  L  H
M  A  G  N  E  T  I  Z  A  M  L  V  R  C  G  P
U  C  U  N  I  V  E  R  Z  A  L  N  A  B  T  J
```

TRENJA
CENTAR
OTKRIĆE
DINAMIČAN
UDALJENOST
OSE
EKSPANZIJA
FIZIKE
UTICAJ
MAGNETIZAM

MEHANIKE
POKRETU
ORBITU
TEŽINA
PLANETE
PRITISAK
SVOJSTVA
BRZINA
VREME
UNIVERZALNA

85 - Abelhas

```
Z  R  M  D  J  A  Z  L  K  A  S  O  V  N  C  I
J  P  E  C  I  N  Š  O  K  O  И  A  J  K  F  G
Y  K  D  R  И  B  R  H  S  L  R  B  B  S  M  A
O  A  L  P  A  O  C  V  E  T  Z  I  F  T  U  Z
J  B  B  S  T  Z  P  A  S  S  V  A  S  L  P  B
N  Y  A  H  Š  T  N  R  Y  P  Y  E  V  T  V  Y
S  T  V  Z  A  A  Z  O  V  A  L  R  A  Y  A  L
P  M  Z  M  B  S  I  S  L  L  E  И  J  P  K  N
N  O  U  G  G  H  L  R  I  I  J  I  K  U  V  I
G  K  L  A  N  K  F  Y  I  R  K  S  F  P  B  G
C  V  M  E  T  S  I  S  O  K  E  O  U  S  R  S
T  K  E  S  N  I  Y  A  P  H  P  И  S  M  D  U
V  O  Ć  E  A  K  R  A  L  J  I  C  A  T  I  N
A  И  E  B  I  L  J  K  E  O  R  J  S  H  M  C
I  V  V  Z  O  J  D  P  G  R  V  T  J  И  D  E
N  Y  C  S  T  A  N  I  Š  T  E  U  A  D  H  L
```

KRILA	DIM
KORISTAN	STANIŠTE
VOSAK	INSEKT
KOŠNICE	BAŠTA
RAZNOLIKOST	MED
EKOSISTEM	BILJKE
ROJ	POLEN
CVET	KRALJICA
CVEĆE	SUNCE
VOĆE	

86 - Ciência

```
C  C  И  E  B  И  L  C  A  C  D  E  R  G  P  G
T  B  M  K  I  N  Č  U  A  N  P  H  S  R  O  L
M  P  R  I  R  O  D  A  M  O  T  A  T  A  D  A
O  O  E  Z  E  T  O  P  I  H  E  M  V  V  A  B
Л  И  U  I  A  O  T  M  L  K  G  Z  A  I  T  O
E  I  B  F  A  A  E  K  K  B  I  I  R  T  A  R
K  F  S  B  P  P  M  S  P  L  И  N  I  A  K  A
U  A  H  O  Č  E  S  T  I  C  E  A  S  C  A  T
L  C  P  A  F  A  P  P  F  S  A  G  P  I  F  O
A  B  I  L  J  K  E  L  T  F  G  R  O  J  H  R
P  V  A  A  C  E  J  I  C  U  L  O  V  E  B  I
И  P  Y  R  H  E  M  I  J  S  K  E  Z  G  P  J
K  E  D  E  J  N  A  R  T  A  M  S  O  P  L  A
Y  И  F  N  E  A  K  S  D  N  F  K  N  P  V  Z
V  S  K  I  L  G  D  A  K  D  P  A  T  H  M  P
N  B  D  M  V  D  N  A  V  O  F  G  Z  F  A  L
```

ATOM
NAUČNIK
KLIMA
PODATAKA
EVOLUCIJE
STVARI
FIZIKE
FOSIL
GRAVITACIJE
HIPOTEZE

LABORATORIJA
METOD
MINERALA
MOLEKULA
PRIRODA
POSMATRANJE
ORGANIZMA
ČESTICE
BILJKE
HEMIJSKE

87 - Comida #1

```
M O Z S S V Š H J J J B L K U L
P K O S U M A Č E J T H Z A I P
D U U R P M R R M P F Z D P O S
R L P L A D G Y S L И A E C K И
S E L I I И A N M Š E Ć E R A O
P И P I V L R F R L D F N H J И
R D Y A F O E S S F E F И K L H
S G A T D I P B P C V K F P I E
V R I R H N A T A L A S A T S Z
R A I O S K F A N Z D C N Y O I
K S P T E M I C A T O M U N B L
K A J S I J E B Ć R G V T T M Y
K I K I R I K I B R A R E M V F
Y A N N S И Y C Z G J R И O G I
R A M H S B O F Y E V T L B O L
V G V N L I M U N A K I H R S C
```

ŠEĆERA
BELI LUK
KIKIRIKI
TUNA
TORTA
CIMET
LUK
ŠARGAREPA
JEČAM
KAJSIJE

SPANAĆ
MLEKA
LIMUN
BOSILJAK
JAGODA
REPA
SO
SALATA
SUPA
SOK

88 - Geometria

```
И  T  L  J  J  M  S  N  L  Y  H  C  R  K  V  M
H  R  C  R  A  E  A  T  A  N  E  C  O  R  P  E
O  O  И  J  Z  O  D  S  L  J  A  E  A  I  B  D
R  U  T  U  J  I  Z  N  E  M  I  D  G  V  И  I
I  G  E  S  K  K  S  B  A  Z  J  И  U  E  V  J
Z  A  O  Y  U  N  A  N  Y  Č  Z  I  O  N  A  A
O  O  R  V  T  E  N  L  A  K  I  T  R  E  V  N
N  H  I  N  L  E  L  A  R  A  P  N  T  S  C  A
T  A  J  I  R  T  E  M  I  S  V  P  A  E  И  N
A  A  E  O  B  R  A  Č  U  N  I  И  I  G  P  I
L  E  P  L  A  V  Z  G  L  O  S  S  T  M  S  Š
N  G  L  M  G  P  M  P  O  K  I  O  F  E  N  R
E  L  D  V  K  N  P  R  G  G  N  G  E  N  A  V
A  Z  O  S  R  R  V  U  I  A  A  Z  A  T  P  O
P  И  R  S  C  I  U  L  K  I  N  Č  E  R  P  P
Z  G  H  И  G  O  P  G  E  И  H  A  L  I  B  G
```

VISINA
UGAO
OBRAČUN
KRUG
KRIVE
PREČNIK
DIMENZIJU
JEDNAČINA
HORIZONTALNE
LOGIKE

MASE
MEDIJANA
PARALELNI
PROCENAT
SEGMENT
SIMETRIJA
POVRŠINA
TEORIJE
TROUGAO
VERTIKALNE

89 - Pássaros

```
B J O D И U L O R A D P T R Z P
V R A N A J O N R B E L A G P E
P I N G V I N T L A N A K U T L
J A O H P U E M P J O M T I N I
Z M R F B E I M Z Z K B A C И K
U Y E K U K A V I C A N P F G A
M A H J L J O E R T K M P O I N
T M O Z O L K V S N S A I A И K
P I L E G P G I T R U Z D U G E
R Y F J A G A P A P G O Y O M C
P O S A P P O Z P V И K R J P H
L E D J Z F L A M I N G O N R И
A C P A R V P O R U R J U H G C
B C O A Y N C U Z T D T C P B R
U N S O B R O K E J P L И B Y L
D L U F P T C E Z I A U A T C F
```

NOJA
ORAO
RODA
LABUD
VRANA
KUKAVICA
FLAMINGO
PILE
GALEB
GUSKA

HERON
JAJE
PAPAGAJ
VRAPCA
PATKA
PAUN
PELIKAN
PINGVIN
GOLUB
TUKAN

90 - Literatura

```
N A R A T O R T R A G E D I J E
V T U D V J K G И V H K P P O G
O R F K C Y S P U U Z G J A И N
H N A R O F A T E M A T I R O B
Y E J N E Đ E R O P G A B A K M
P O I I J R F I K C I J A P D Y
G K F S E N S C C P E И J O Y S
A N A L O G I J A G N I U D M A
M A R Č U G E S I K U L Y D I N
S M G L U M D I J A L O G K Š E
E O O U J T P N P A I J A L G
P R I P H I L O D B U U T L J D
H E B K E G P K O F T S A S E O
O N T E M A I P A R O U И N T
J I H U I Z H T D Z R H T F J A
H B A И R J A N A L I Z A Z E Y
```

ANALOGIJA
ANALIZA
ANEGDOTA
AUTOR
BIOGRAFIJA
POREĐENJE
ZAKLJUČAK
OPIS
DIJALOG
STIL

FIKCIJA
METAFORA
NARATOR
MIŠLJENJE
PESMA
RIME
RITAM
ROMAN
TEMA
TRAGEDIJE

91 - Química

```
E N R A E L K U N K U T A U K O
N L H G P O И D S A G O P G I R
L U E P A T T Z C T R P S L S V
A K Z M H L O R I A M L G J E L
K E T Y E P Z D M L J O O E L K
L L И E M N A H M I E T A N I Z
A O У И Ž P T M I Z N E K I N Z
R M U K И I E I Z A L L Y K E E
P J U P U K N J B T T E Č N O G
Z K O D E S T A D O T S N O M R
K I S E O N I K D R B O P R L A
J N N R H A Y Y U R P И G T J B
Z O S T M G M U P T J K P K B O
V D T Y M R N A H U J L R E Y F
G O P A P O I C E И O B H L V L
S V P D V P A I Z N N G U E B B
```

ALKALNE
KISELINE
TOPLOTE
UGLJENIK
KATALIZATOR
HLOR
ELEMENTI
ELEKTRON
ENZIM
GAS

VODONIK
JON
TEČNOG
MOLEKUL
NUKLEARNE
ORGANSKI
KISEONIK
TEŽINA
SO

92 - Clima

```
P M J E A C D P F L H E C T G M
O A P R B P И F L K F J T E R H
L G J A Z F N A L P F J N M M P
A L P P H A M I L K P V A P L O
R A T E V T C V Y A И E C E J V
N L D A H M T O R N A D O R A E
I Y J U A O P N J D J A B A V T
M C И H L S D P S D A K E T I A
O C P K A F N U N H Z L N U N R
B F N L A E U K G S U V A R A A
L P L E D R N U N A O B U A E C
A O C A R A P U A V S L R R Y D
K A A Z M F C I S U Š E U J И T
G H F C V F N O K N K O B J L L
U R A G A N K R И V O G O T A S
T R O P S K E J N U M M S И A D
```

DUGA
ATMOSFERA
POVETARAC
NEBO
KLIMA
URAGAN
LED
MONSUN
MAGLA
OBLAK

POLARNI
MUNJE
SUŠE
SUVA
TEMPERATURA
OLUJA
TORNADO
TROPSKE
GRMLJAVINA
VETAR

93 - Arte

```
N I N Č I L K P P Z T U E N G S
P A N E J N E Ž O L O P S A R T
M M D S Y D N J R S O E K V Y V
O E U R P B И T L P I E A E O
F T G P E I H Z R I I Y R T J R
J Z P I M A R O E K Y K A S D I
I J O G P E L I T E Y R M O Y T
M M И L O B M I S T M D I N C I
K O M P L E K S Z A K M Č D K V
Z H И V A O C И И A N M K E B I
O R I G I N A L N E M A E J H Z
P O E Z I J E R U T P L U K S U
Z I S K R E N S A S T A V D F E
P Y H J V A M G C L Z M N D M L
O Y H L И O N O P B L A V M P N
Z P J L I Z R A Z F Y N P И Z I
```

KERAMIČKE
KOMPLEKS
SASTAV
STVORITI
SKULPTURE
IZRAZ
ISKREN
RASPOLOŽENJE
INSPIRISAN
ORIGINALNE

LIČNI
SLIKE
POEZIJE
PORTRET
JEDNOSTAVAN
SIMBOL
TEMA
NADREALIZAM
VIZUELNI

94 - Diplomacia

```
C P H P C A F V P N T I P P C G
A N A B B J H L J G N N P M A D
K G T R B R R A E R N H E Y D D
E P C N H S H D K E P A N P K Y
K K U I A Z V A I Z F Y R A E E
S I G U R N O S T O P R A V D A
T N I R J Z K Z I L S E T D A Z
A T S N E N I Z L U G G I I S A
M E J A T Š V D O C R P N S A J
O V E B R E E F P I A N A K B E
L A Z O G A G N E J Đ E M U M D
P S I K J L D R J A A T U S A N
I T K U A A U N I E N I H I A I
D F A S P P B P J T A K S J R C
A M B A S A D O R A E E P E Y A
U G O V O R A N S J U T D Z H G
```

GRAĐANA
ZAJEDNICA
SUKOBA
SAVETNIK
SARADNJA
DIPLOMATSKE
DISKUSIJE
AMBASADE
AMBASADOR
ETIKE

VLADA
HUMANITARNE
INTEGRITET
PRAVDA
JEZIKA
POLITIKE
REZOLUCIJA
SIGURNOST
REŠENJE
UGOVORA

95 - Comida # 2

```
G P Z L V P Š E N I C E J A J F
J L I L O K O R B B A D E M G L
N O J R Z U K B V F H G E B R G
D H G I I L V E N A N A B F P S
O K I U V N O K V K K Y I V I K
S V B G R A A O S U P D R A O H
S I R R U T D Č И B V I Š N J E
J G R O J R A I D A Š U N K A E
L S J Ž P B L T Z J A D A R A P
P H C Đ R J O R R T S L Ž A D Y
B N P A D H K A D J A И D S M U
C H L E C B O F Z P L O I R I N
L C U E S J Č P B H S M L C F B
A Y F K R T D B Y D R P T O V L
A A И Z B I G M E A P F A N A S
T A И V Z E H P I L E V P A K Z
```

ARTIČOKE
BADEM
PIRINAČ
BANANE
PATLIDŽAN
BROKOLI
VIŠNJE
ČOKOLADA
GLJIVA
PILE

JOGURT
KIVI
JABUKA
JAJE
RIBE
ŠUNKA
SIR
PARADAJZ
PŠENICE
GROŽĐA

96 - Universo

```
A O Y O A И C H R S P F Y H E A
O D K T L D I O R E T S A E O A
Y R T S B A S R L H H L J M N V
U И И P E K Č I M S O K I I J I
N T Z P N B L Z C И T I S S Y D
N O S P R I E O I E V O K F O L
M I O T A G J N R J P Y A E R J
Z M L K L A I T G E O U L R B I
O E S N O N M K N C K E A E I V
D S T K S J O R C I S V G I T E
I E I I A V N K P P E U A C U A
J C C V D P O E J R L Z F T S P
A C I N R S R H B B E H Y P O E
K I J И И P T M A O T T S P A R
A I A R N A S T R O N O M S G Z
Z D C S Y M A A T M O S F E R A
```

ASTEROID
ASTRONOMIJE
ASTRONOM
ATMOSFERA
NEBESKO
NEBO
KOSMIČKE
EON
EKVATOR
GALAKSIJA

HEMISFERE
HORIZONT
NAGIB
MESEC
ORBITU
SOLARNE
SOLSTICIJA
TELESKOP
VIDLJIVE
ZODIJAKA

97 - Jazz

```
R N A Ž I B U S K J Z A D E R M
K I S V Z U M T H A A L B U M U
S И T A U B E A Y P T I Z D C Z
N P R A D N T R P I I M V Z P I
H A I H M J N I F J R P B V J K
T V G G I E I S U Y O R Y P P A
U O A L V V K N A Y V O B H E K
S N A K A I M U M S A V L P M I
J A L I T S O И S C F I M H K N
F J P K S T A N Z O P Z R L O H
F B J V A M M K Y Z A A S I N E
O R K E S T A R L I K C P M C T
H K O M P O Z I T O R I F C E B
P E S M A Z P T H U J J U T R И
T A L E N A T E K N L E R B T I
Y I N B E И A P F U D O R E L G
```

UMETNIK	FAVORITA
ALBUM	ŽANR
BUBNJEVI	IMPROVIZACIJE
PESMA	MUZIKA
SASTAV	NOVA
KOMPOZITOR	ORKESTAR
KONCERT	RITAM
STIL	TALENAT
NAGLASAK	TEHNIKA
POZNAT	STARI

98 - Barcos

```
P  P  I  I  L  Y  U  V  U  Z  K  M  A  M  I  R
P  L  O  B  R  A  J  N  K  M  O  R  E  O  R  G
F  H  I  K  Č  I  T  U  A  N  J  P  R  J  A  T
A  L  M  M  G  R  L  T  J  K  R  Y  T  A  N  A
L  M  И  A  E  B  D  C  A  P  O  N  O  K  R  L
D  O  D  O  R  D  I  S  K  J  E  Z  E  R  O  A
G  L  A  B  U  O  C  Y  P  И  T  T  S  O  M  S
N  И  И  L  T  K  L  O  O  L  H  U  T  T  V  A
J  L  E  И  P  B  I  Z  S  N  A  E  K  O  A  V
K  U  U  H  F  R  B  U  P  U  J  V  E  M  G  O
N  J  B  Y  I  U  C  F  J  P  J  A  J  K  O  B
K  T  T  O  I  G  J  B  T  N  R  I  A  A  C  R
P  O  S  A  D  E  G  P  Z  M  A  Z  R  N  I  E
H  P  O  И  P  F  И  G  G  F  G  L  T  D  P  K
Z  R  H  K  O  B  M  P  E  A  D  A  I  R  И  E
K  A  L  K  Y  S  I  A  O  O  G  F  E  L  U  Z
```

SIDRO	MORE
TRAJEKT	PLIME
BOVA	MORNAR
KAJAK	JARBOL
KANU	MOTOR
KONOPAC	NAUTIČKIH
DOK	OKEAN
JAHTE	TALASA
SPLAV	REKE
JEZERO	POSADE

99 - Mamíferos

```
U D I I И L D K I B U J M K V M
O E C V O P D O L I S I C A T A
O L K E N L S J J T T K R L U J
O F V P Z P N O N P Z R M I D M
S I H Z S R И T D D I A P R D U
Z N Y V V P Y A I M G K T O P N
И O J L U R J И P K И H N G C B
F L J K K A Y O J P P U M R E A
A S O P A S E V R U G N E K И S
K O N J F B Y K A M I L E A T F
A R H U A O V F B K Y P V F Y P
E P G U R A I T A K Č A P H D E
D M Z A I H E P D N Y A R B E Z
C L G T Ž Z L L Z H S P M Z F R
G Y Y H A D A T A K H Z J L A V
P P M M P F Z B K K P G L Z Z Z
```

KIT	ŽIRAFA
KAMILE	DELFIN
KENGUR	GORILA
DABAR	LAV
KONJ	VUK
PAS	MAJMUN
ZEC	OVCE
KOJOTA	LISICA
SLON	BIK
MAČKA	ZEBRA

100 - Atividades e Lazer

```
R I T A V O T U P S A S S K O B
M I R E L M J F L U I D L O V F
P F B L G A A F A R O F I D E P
R L S O O U B B N F P E K B G U
R O I H L N E M I O U P U O V C
T G N V C O Y B N V Š K K J R E
P P E J A R V E A A T S R K R B
Y K T I E N D И R N A F A A L U
Y A P B P N J Y E J J P Š O L H
H O B I J E J E N E U P O P O H
F U D B A L P E J N Ć H K I B P
Y H P G T A M N E И E Y V M Z G
R E N P У И K A M P O V A N J E
U M E T N O S T G E Z Z E U E D
B A Š T O V A N S T V O K P B G
D U N A S P Y N T C A B J K A F
```

KAMPOVANJE   RONJENJE
UMETNOST   PLIVANJE
KOŠARKU   RIBOLOV
BEJZBOL   SLIKU
BOKS   OPUŠTAJUĆE
PLANINARENJE   SURFOVANJE
FUDBAL   TENIS
GOLF   PUTOVATI
HOBIJE   ODBOJKA
BAŠTOVANSTVO

1 - Dirigindo

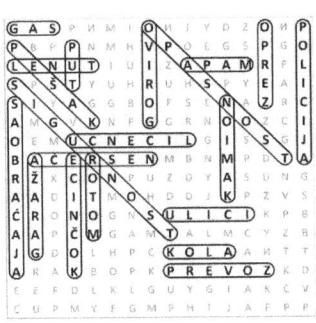

2 - Antiguidades

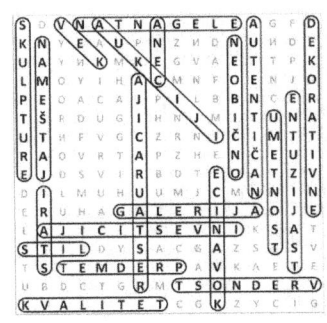

3 - Churrascos

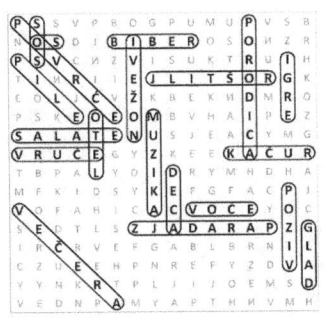

4 - Pesca

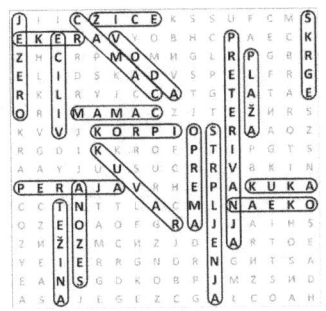

5 - Geologia

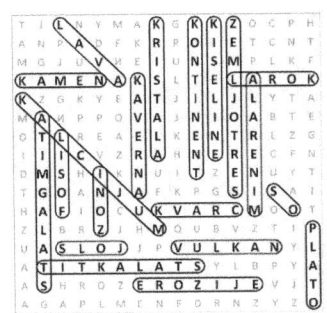

6 - Ética

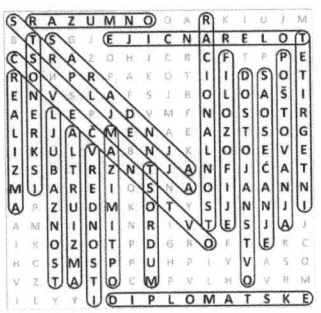

7 - Tempo

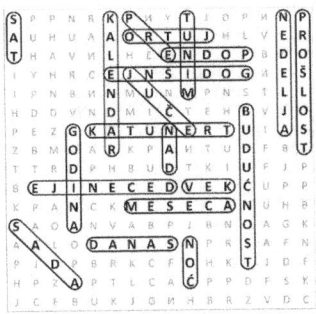

8 - Astronomia

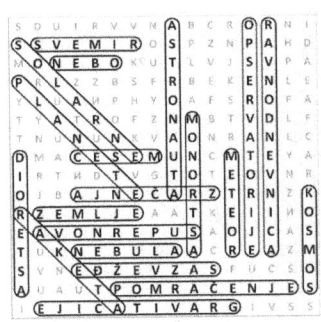

9 - Acampamento

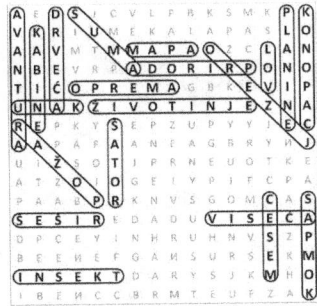

10 - Ficção Científica

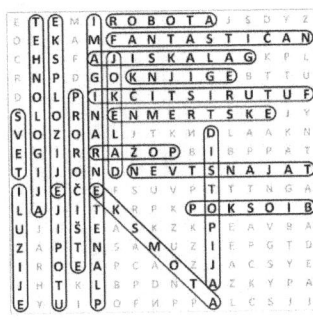

11 - Mitologia

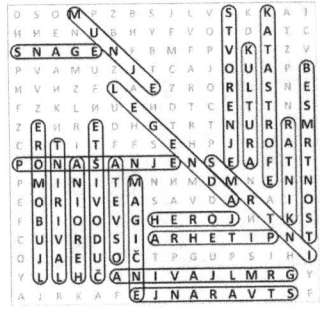

12 - Medições

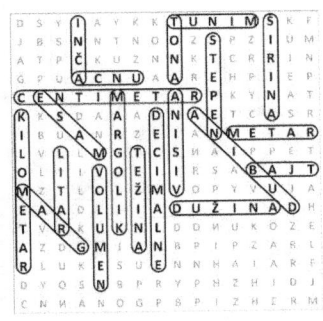

13 - Álgebra

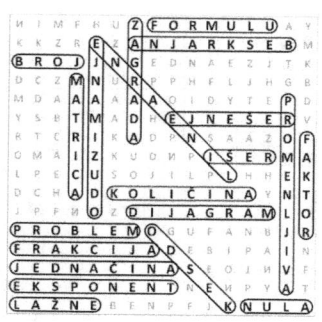

14 - Plantas

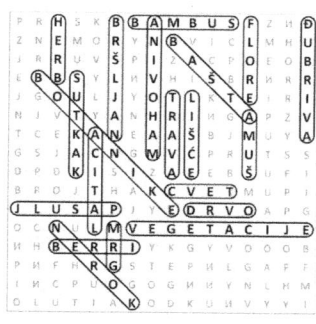

15 - Veículos

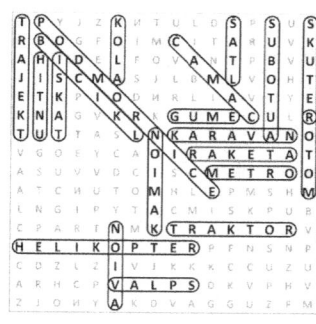

16 - Engenharia

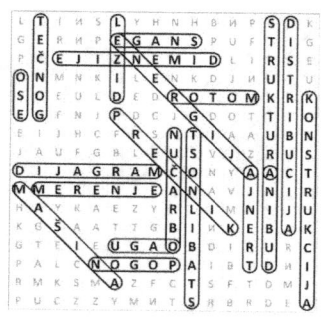

17 - Restaurante # 2

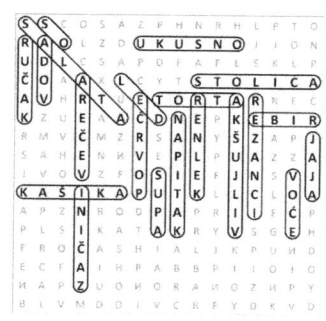

18 - Países #2

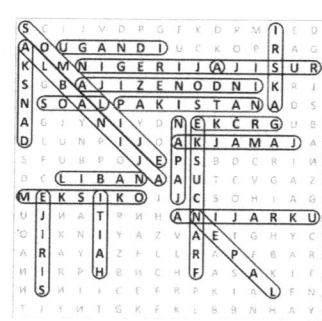

19 - Material de Arte

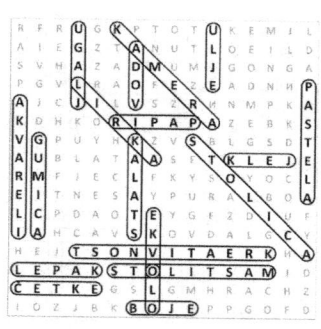

20 - Números

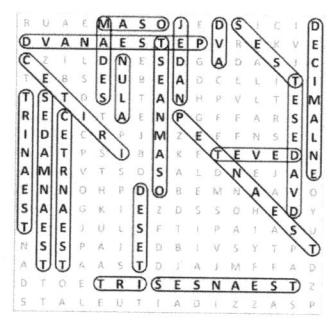

21 - Física

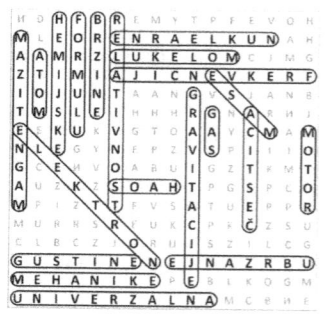

22 - Especiarias

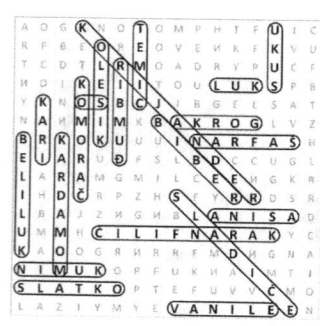

23 - Países #1

24 - A Mídia

25 - Casa
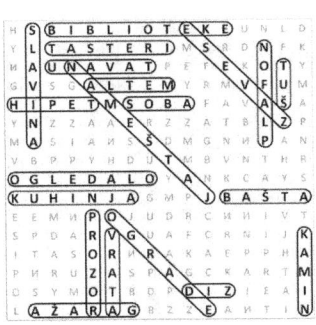

26 - Vegetais
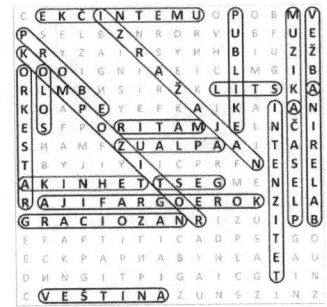

27 - Balé

28 - Adjetivos #1
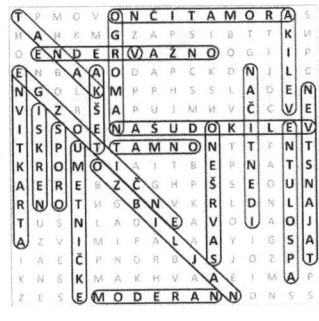

29 - Psicologia
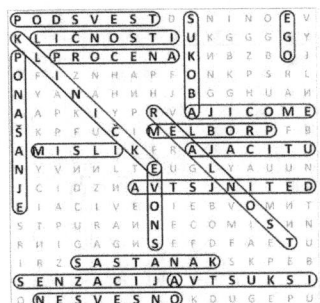

30 - Paisagens
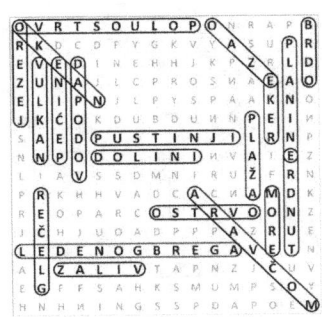

31 - Dança
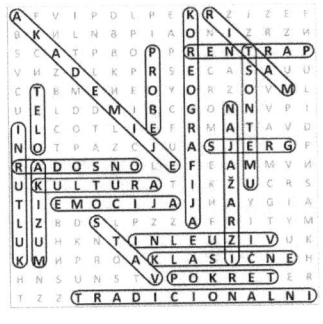

32 - Nutrição
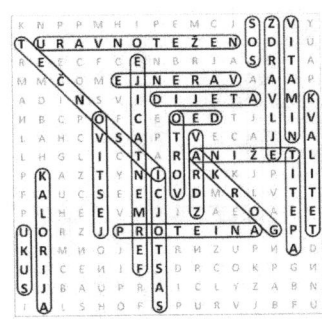

33 - Energia
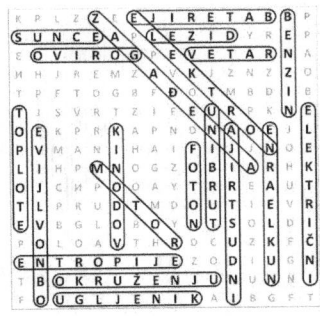

34 - Disciplinas Científicas
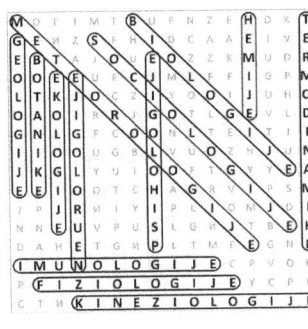

35 - Meditação
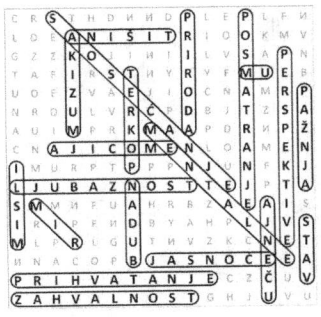

36 - Artes Visuais
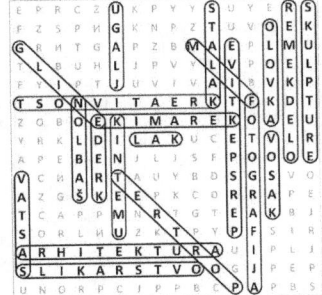

37 - Moda

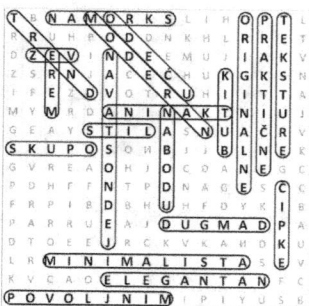

38 - Instrumentos Musicais

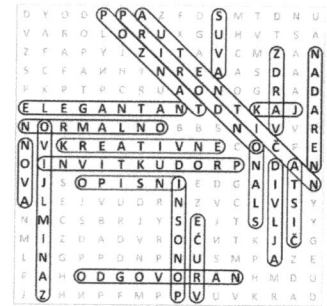

39 - Adjetivos #2

40 - Roupas

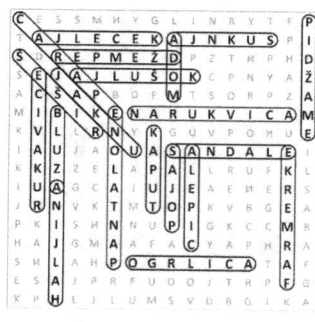

41 - Herbalismo

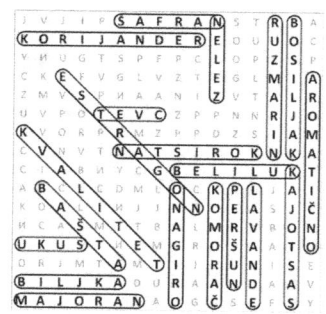

42 - Arqueologia

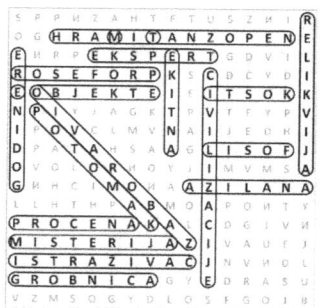

43 - Agronomia

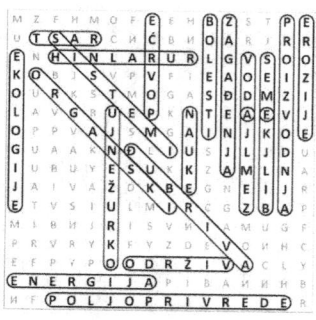

44 - Frutas

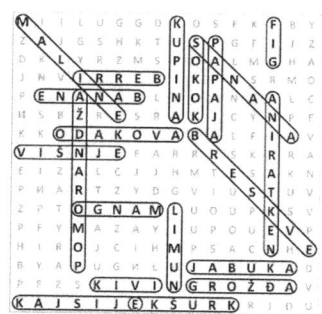

45 - Corpo Humano

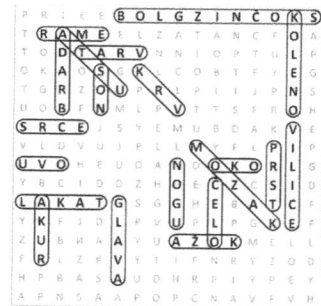

46 - Caminhada

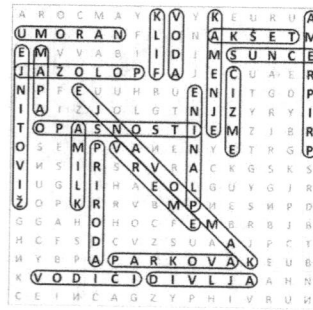

47 - Biologia

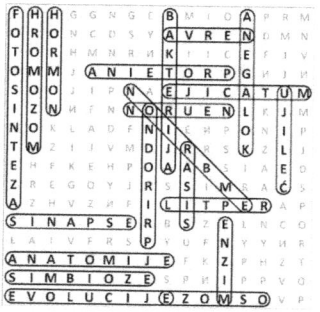

48 - Beleza

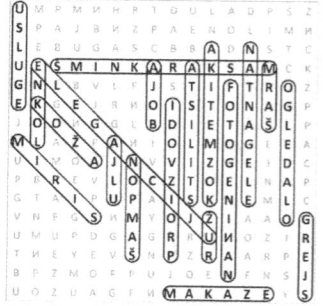

49 - Filantropia

50 - Ecologia

51 - Família

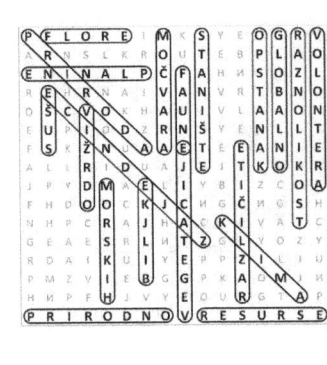

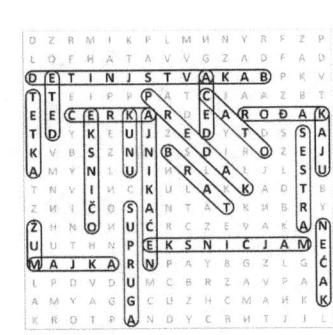

52 - Férias #2

53 - Edifícios

54 - Aventura

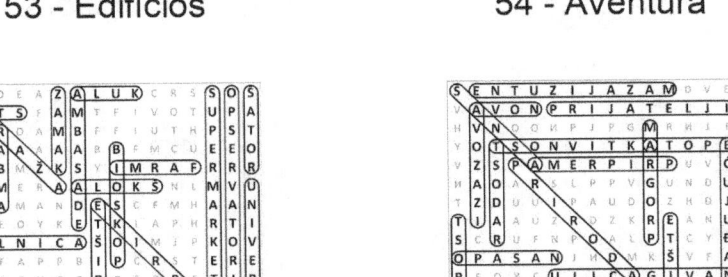

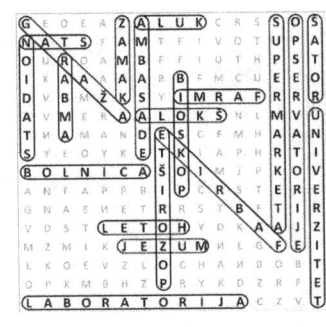

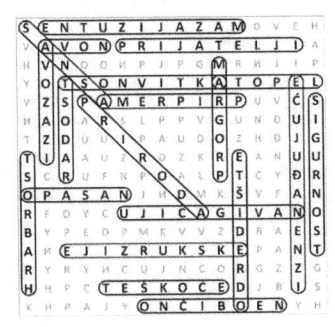

55 - Floresta Tropical

56 - Cidade

57 - Música

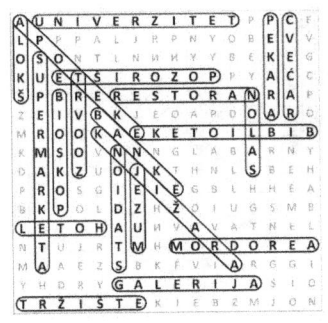

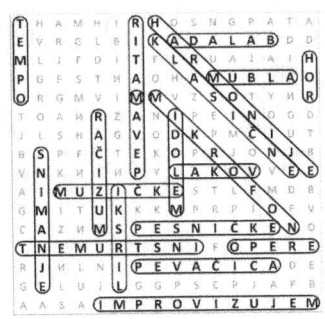

58 - Matemática

59 - Saúde e Bem Estar #1

60 - Imigração

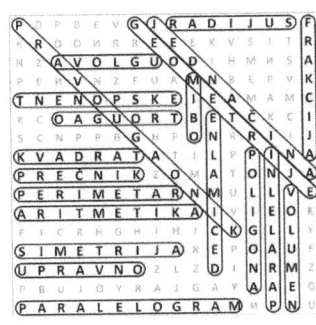

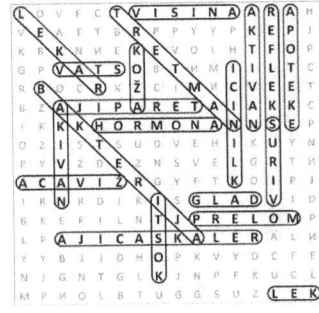

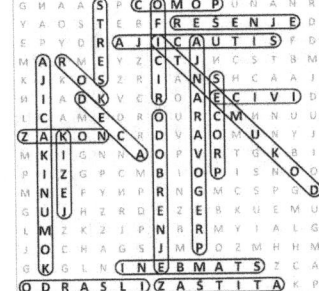

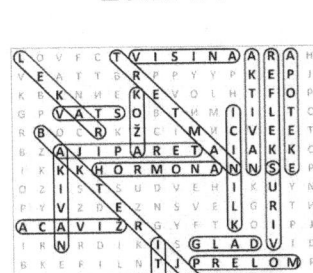

61 - Natureza

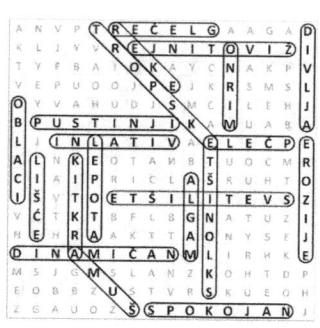

62 - A Empresa

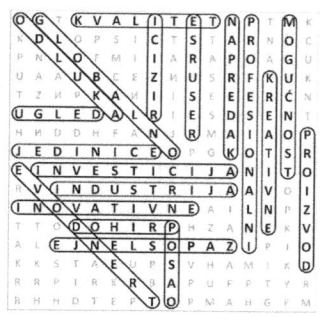

63 - Doença

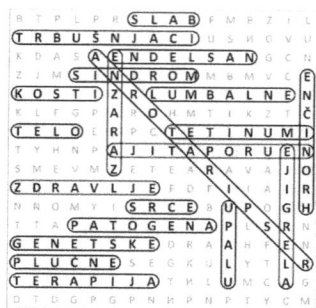

64 - Aquecimento Global

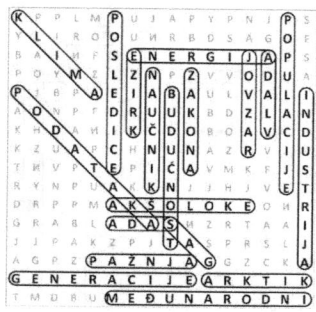

65 - Aviões

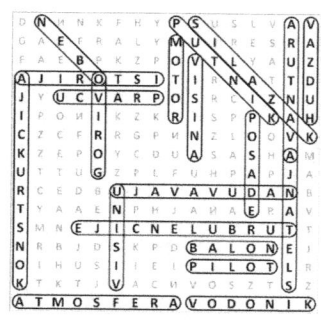

66 - Tipos de Cabelo

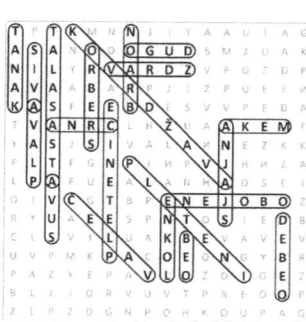

67 - Criatividade

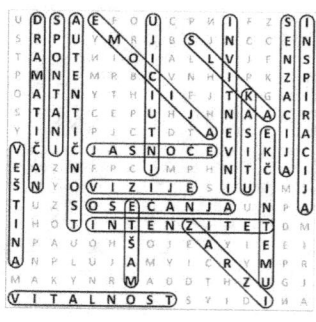

68 - Dias e Meses

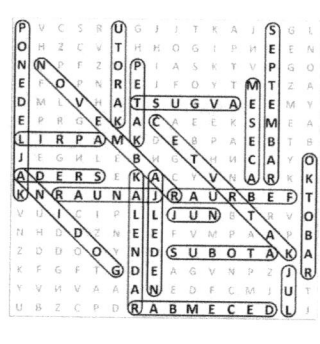

69 - Saúde e Bem Estar #2

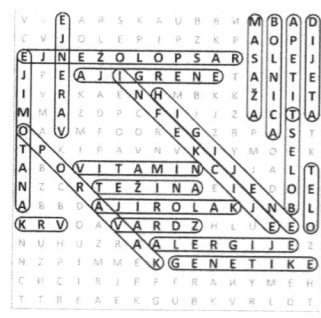

70 - Geografia

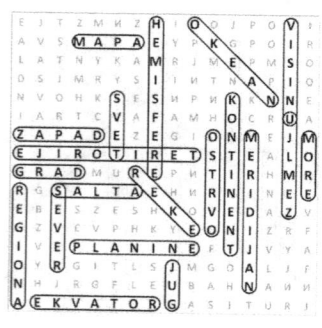

71 - Antártica

72 - Flores

73 - Fazenda #1

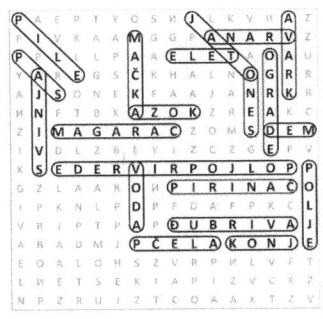

74 - Livros

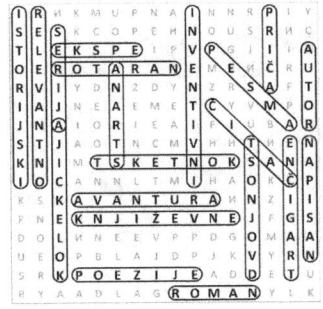

75 - Chocolate

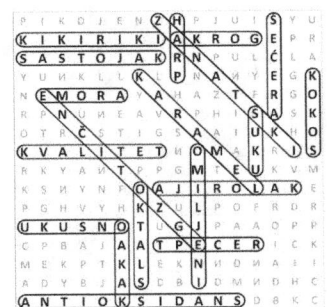

76 - Governo

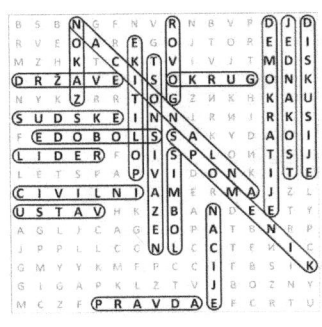

77 - Jardinagem

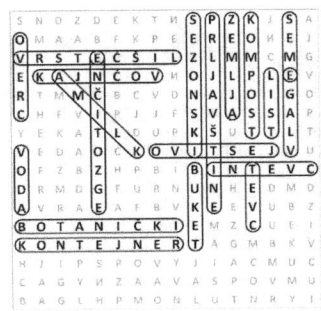

78 - Profissões #2

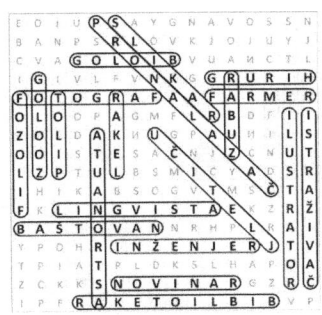

79 - Negócios

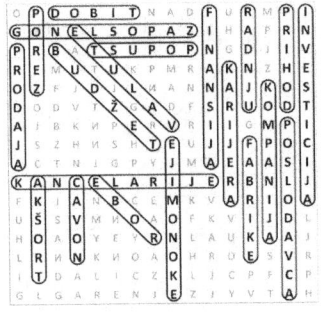

80 - Fazenda #2

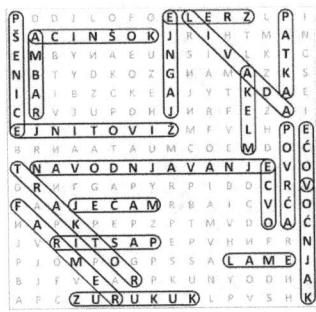

81 - Jardim

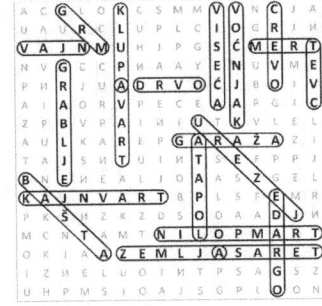

82 - Oceano

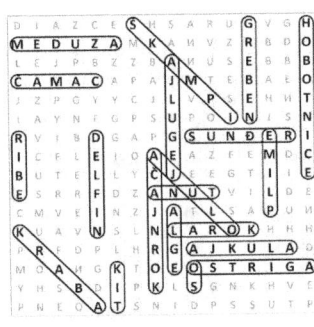

83 - Profissões #1

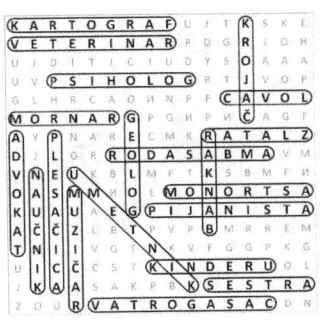

84 - Força e Gravidade

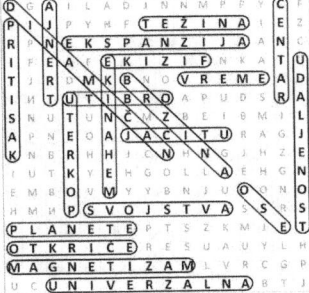

85 - Abelhas

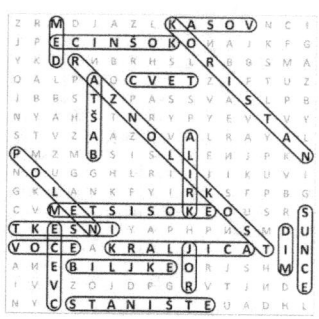

86 - Ciência

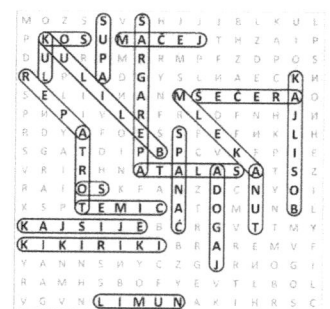

87 - Comida #1

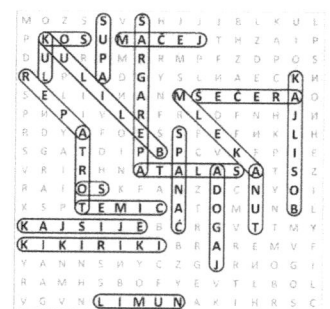

88 - Geometria

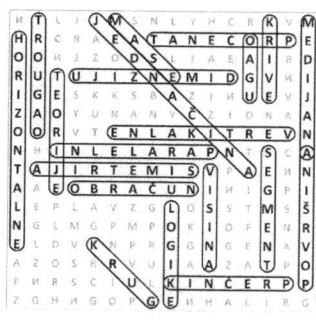

89 - Pássaros

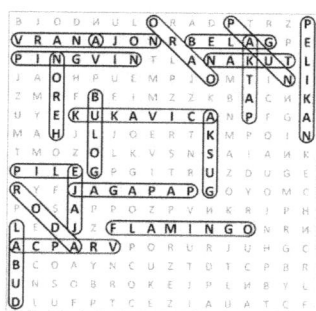

90 - Literatura

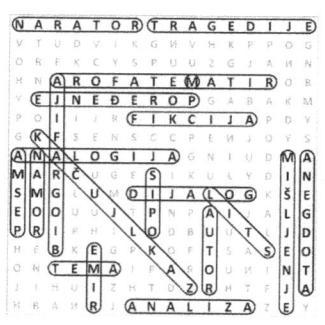

91 - Química

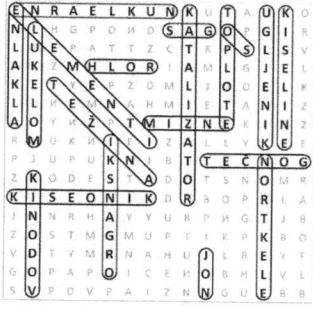

92 - Clima

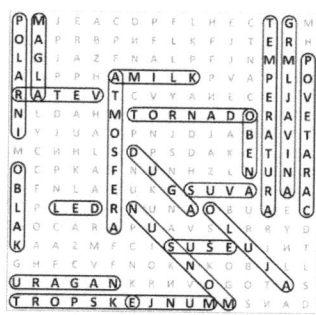

93 - Arte

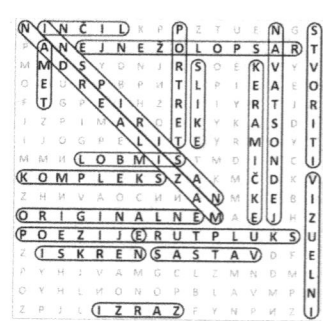

94 - Diplomacia

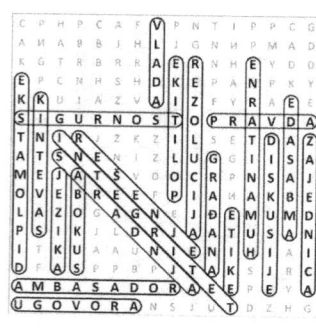

95 - Comida # 2

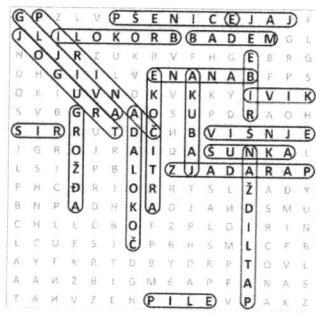

96 - Universo

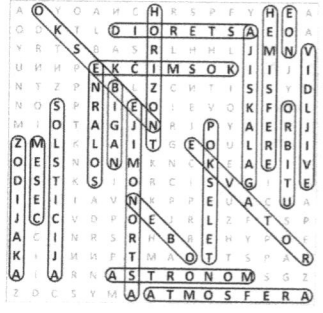

97 - Jazz

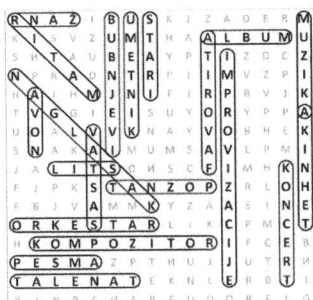

98 - Barcos

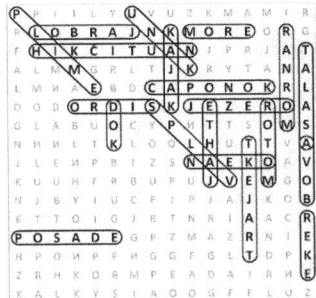

99 - Mamíferos

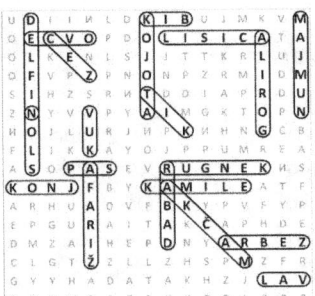

100 - Atividades e Lazer

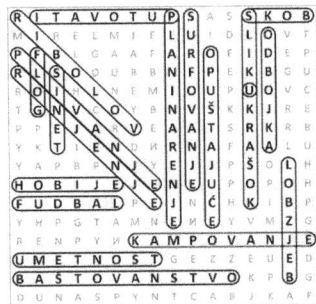

Dicionário

A Empresa
Kompanija

Apresentação	Prezentacija
Criativo	Kreativne
Decisão	Odluka
Emprego	Zaposlenje
Global	Globalno
Indústria	Industrija
Inovador	Inovativne
Investimento	Investicija
Negócio	Posao
Possibilidade	Mogućnost
Produto	Proizvod
Profissional	Profesionalni
Progresso	Napredak
Qualidade	Kvalitet
Receita	Prihod
Recursos	Resurse
Reputação	Ugled
Riscos	Rizici
Tendências	Trendove
Unidades	Jedinice

A Mídia
Mediji

Atitudes	Stavova
Comercial	Komercijalni
Comunicação	Komunikacija
Digital	Digitalni
Edição	Izdanje
Educação	Obrazovanje
Fatos	Činjenice
Financiamento	Finansiranje
Fotos	Fotografije
Individual	Pojedinac
Indústria	Industrija
Intelectual	Intelektualne
Jornais	Novine
Local	Lokalni
Online	Online
Opinião	Mišljenje
Público	Javni
Rádio	Radio
Rede	Mreža
Televisão	Televizija

Abelhas
Pčele

Asas	Krila
Benéfico	Koristan
Cera	Vosak
Colmeia	Košnice
Diversidade	Raznolikost
Ecossistema	Ekosistem
Enxame	Roj
Flor	Cvet
Flores	Cveće
Fruta	Voće
Fumaça	Dim
Habitat	Stanište
Inseto	Insekt
Jardim	Bašta
Mel	Med
Plantas	Biljke
Pólen	Polen
Rainha	Kraljica
Sol	Sunce

Acampamento
Kampovanje

Animais	Životinje
Aventura	Avantura
Árvores	Drveća
Bússola	Kompas
Cabine	Kabine
Caça	Lov
Canoa	Kanu
Chapéu	Šešir
Corda	Konopac
Equipamento	Oprema
Floresta	Šuma
Fogo	Požar
Inseto	Insekt
Lago	Jezero
Lua	Mesec
Maca	Viseća
Mapa	Mapa
Montanha	Planine
Natureza	Priroda
Tenda	Šator

Adjetivos #1
Придеви Бр.

Absoluto	Apsolutne
Aromático	Aromatično
Artístico	Umetničke
Atraente	Atraktivne
Enorme	Ogroman
Escuro	Tamno
Exótico	Egzotične
Fino	Tanak
Generoso	Velikodušan
Grande	Velika
Honesto	Iskren
Idêntico	Identičan
Importante	Važno
Lento	Sporo
Misterioso	Tajanstven
Moderno	Moderan
Perfeito	Savršeno
Pesado	Teška
Sério	Ozbiljan
Valioso	Vredne

Adjetivos #2
Придеви Бр.

Autêntico	Autentičan
Criativo	Kreativne
Descritivo	Opisni
Dotado	Nadaren
Elegante	Elegantan
Famoso	Poznat
Forte	Jak
Interessante	Zanimljivo
Natural	Prirodno
Normal	Normalno
Novo	Nova
Orgulhoso	Ponosni
Produtivo	Produktivni
Puro	Čista
Quente	Vruće
Responsável	Odgovoran
Salgado	Slano
Saudável	Zdrav
Seco	Suva
Selvagem	Divlja

Agronomia
Agronomija

Agricultura	Poljoprivrede
Ambiente	Okruženju
Água	Voda
Ciência	Nauke
Crescimento	Rast
Doenças	Bolesti
Ecologia	Ekologije
Energia	Energija
Erosão	Erozije
Fertilizante	Đubriva
Legumes	Povrće
Orgânico	Organski
Plantas	Biljke
Poluição	Zagađenja
Produção	Proizvodnja
Rural	Ruralnih
Sementes	Seme
Sistemas	Sistemi
Solo	Zemlja
Sustentável	Održiv

Antártica
Антарктика

Ambiente	Okruženju
Água	Voda
Baía	Bej
Científico	Naučne
Conservação	Očuvanje
Continente	Kontinent
Enseada	Kov
Expedição	Ekspedicije
Geleiras	Glečera
Gelo	Led
Geografia	Geografije
Ilhas	Ostrva
Investigador	Istraživač
Migração	Migracije
Minerais	Minerala
Península	Poluostrvo
Pinguins	Pingvini
Rochoso	Roki
Temperatura	Temperatura
Topografia	Topografije

Antiguidades
Antikviteti

Arte	Umetnost
Autêntico	Autentičan
Decorativo	Dekorativne
Elegante	Elegantan
Entusiasta	Entuzijast
Escultura	Skulpture
Estilo	Stil
Galeria	Galerija
Incomum	Neobično
Investimento	Investicija
Item	Predmet
Leilão	Aukciji
Mobiliário	Nameštaj
Moedas	Kovanice
Preço	Cena
Qualidade	Kvalitet
Restauração	Restauracija
Século	Vek
Valor	Vrednost
Velho	Stari

Aquecimento Global
Globalno Zagrevanje

Agora	Sada
Ambiental	Ekološka
Atenção	Pažnja
Ártico	Arktik
Cientista	Naučnik
Clima	Klima
Consequências	Posledice
Crise	Krize
Dados	Podataka
Desenvolvimento	Razvoj
Energia	Energija
Futuro	Budućnost
Gás	Gas
Gerações	Generacije
Governo	Vlada
Indústria	Industrija
Internacional	Međunarodni
Legislação	Zakona
Populações	Populacije
Temperaturas	Temperature

Arqueologia
Arheologija

Análise	Analiza
Anos	Godine
Antiguidade	Antike
Avaliação	Procena
Civilização	Civilizacije
Descendente	Potomak
Desconhecido	Nepoznat
Equipe	Tim
Era	Ere
Especialista	Ekspert
Esquecido	Zaboravio
Fóssil	Fosil
Investigador	Istraživač
Mistério	Misterija
Objetos	Objekte
Ossos	Kosti
Professor	Profesor
Relíquia	Relikvija
Templo	Hram
Túmulo	Grobnica

Arte
Umetnost

Cerâmica	Keramičke
Complexo	Kompleks
Composição	Sastav
Criar	Stvoriti
Escultura	Skulpture
Expressão	Izraz
Honesto	Iskren
Humor	Raspoloženje
Inspirado	Inspirisan
Original	Originalne
Pessoal	Lični
Pinturas	Slike
Poesia	Poezije
Retratar	Portret
Simples	Jednostavan
Símbolo	Simbol
Sujeito	Tema
Surrealismo	Nadrealizam
Visual	Vizuelni

Artes Visuais
Vizuelne Umetnosti

Argila	Gline
Arquitetura	Arhitektura
Artista	Umetnik
Caneta	Olovka
Carvão	Ugalj
Cavalete	Stalak
Cera	Vosak
Cerâmica	Keramike
Composição	Sastav
Criatividade	Kreativnost
Escultura	Skulpture
Estêncil	Šablon
Filme	Film
Fotografia	Fotografija
Giz	Krede
Obra-Prima	Remek-Delo
Perspectiva	Perspektive
Pintura	Slikarstvo
Retrato	Portret
Verniz	Lak

Astronomia
Astronomija

Asteróide	Asteroid
Astronauta	Astronauta
Astrônomo	Astronom
Céu	Nebo
Constelação	Sazvežđe
Cosmos	Kosmos
Eclipse	Pomračenje
Equinócio	Ravnodnevnica
Foguete	Raketa
Gravidade	Gravitacije
Lua	Mesec
Meteoro	Meteor
Nebulosa	Nebula
Observatório	Opservatorije
Planeta	Planete
Radiação	Zračenja
Solar	Solarne
Supernova	Supernova
Terra	Zemlje
Universo	Svemir

Atividades e Lazer
Aktivnosti i Slobodno Vr

Acampamento	Kampovanje
Arte	Umetnost
Basquete	Košarku
Beisebol	Bejzbol
Boxe	Boks
Caminhada	Planinarenje
Futebol	Fudbal
Golfe	Golf
Hobbies	Hobije
Jardinagem	Baštovanstvo
Mergulho	Ronjenje
Natação	Plivanje
Pesca	Ribolov
Pintura	Sliku
Relaxante	Opuštajuće
Surfe	Surfovanje
Tênis	Tenis
Viagem	Putovati
Voleibol	Odbojka

Aventura
Avantura

Alegria	Radost
Amigos	Prijatelji
Atividade	Aktivnost
Beleza	Lepota
Bravura	Hrabrost
Chance	Šansa
Desafios	Izazova
Destino	Odredište
Dificuldade	Teškoće
Entusiasmo	Entuzijazam
Excursão	Ekskurzije
Incomum	Neobično
Itinerário	Program
Natureza	Priroda
Navegação	Navigaciju
Novo	Nova
Perigoso	Opasan
Preparação	Priprema
Segurança	Sigurnost
Surpreendente	Iznenađujuće

Aviões
Avioni

Altitude	Visinu
Altura	Visina
Ar	Vazduh
Aterrissagem	Sletanja
Atmosfera	Atmosfera
Aventura	Avantura
Balão	Balon
Céu	Nebo
Combustível	Gorivo
Construção	Konstrukcija
Descida	Silazak
Direção	Pravcu
Hidrogênio	Vodonik
História	Istorija
Inflar	Naduvavaju
Motor	Motor
Passageiro	Putnik
Piloto	Pilot
Tripulação	Posade
Turbulência	Turbulencije

Álgebra
Algebra

Diagrama	Dijagram
Divisão	Odsek
Equação	Jednačina
Expoente	Eksponent
Falso	Lažne
Fator	Faktor
Fórmula	Formulu
Fração	Frakcija
Infinito	Beskrajna
Linear	Linearne
Matriz	Matrica
Número	Broj
Parêntese	Zagrada
Problema	Problem
Quantidade	Količina
Resolver	Reši
Solução	Rešenje
Subtração	Oduzimanje
Variável	Promenljiva
Zero	Nula

Balé
Balet

Aplauso	Aplauz
Artístico	Umetničke
Bailarina	Balerina
Compositor	Kompozitor
Coreografia	Koreografija
Dançarinos	Plesača
Ensaio	Probe
Estilo	Stil
Expressivo	Izražajan
Gesto	Gest
Gracioso	Graciozan
Habilidade	Veština
Intensidade	Intenzitet
Música	Muzika
Orquestra	Orkestar
Prática	Vežba
Público	Publike
Ritmo	Ritam
Solo	Solo
Técnica	Tehnika

Barcos
Brodovi

Âncora	Sidro
Balsa	Trajekt
Bóia	Bova
Caiaque	Kajak
Canoa	Kanu
Corda	Konopac
Doca	Dok
Iate	Jahte
Jangada	Splav
Lago	Jezero
Mar	More
Maré	Plime
Marinheiro	Mornar
Mastro	Jarbol
Motor	Motor
Náutico	Nautičkih
Oceano	Okean
Ondas	Talasa
Rio	Reke
Tripulação	Posade

Beleza
Lepota

Batom	Ruž
Cachos	Lokne
Charme	Šarm
Cor	Boja
Cosméticos	Kozmetika
Elegante	Elegantan
Elegância	Eleganciju
Espelho	Ogledalo
Estilista	Stilista
Fotogênico	Fotogeniиan
Fragrância	Miris
Graça	Grejs
Maquiagem	Šminka
Óleos	Ulja
Pele	Koža
Produtos	Proizvodi
Rímel	Maskara
Serviços	Usluge
Tesoura	Makaze
Xampu	Šampon

Biologia
Biologija

Anatomia	Anatomije
Bactérias	Bakterija
Célula	Ćeliju
Colagénio	Kolagena
Cromossoma	Hromozom
Embrião	Embrion
Enzima	Enzim
Evolução	Evolucije
Fotossíntese	Fotosinteza
Hormona	Hormon
Mamífero	Sisar
Mutação	Mutacije
Natural	Prirodno
Nervo	Nerva
Neurônio	Neuron
Osmose	Osmoze
Proteína	Proteina
Réptil	Reptil
Simbiose	Simbioze
Sinapse	Sinapse

Caminhada
Planinarenje

Acampamento	Kampovanje
Animais	Životinje
Água	Voda
Botas	Čizme
Cansado	Umoran
Clima	Klima
Guias	Vodiči
Mapa	Mapa
Montanha	Planine
Natureza	Priroda
Orientação	Položaj
Parques	Parkova
Pedras	Kamenje
Penhasco	Klif
Perigos	Opasnosti
Pesado	Teška
Preparação	Priprema
Selvagem	Divlja
Sol	Sunce
Tempo	Vreme

Casa
Kuća

Biblioteca	Biblioteke
Cerca	Ograde
Chaves	Tasteri
Chuveiro	Tuš
Cortinas	Zavese
Cozinha	Kuhinja
Espelho	Ogledalo
Garagem	Garaža
Janela	Prozor
Jardim	Bašta
Lareira	Kamin
Mobiliário	Nameštaj
Parede	Zid
Porta	Vrata
Quarto	Soba
Sótão	Tavanu
Tapete	Tepih
Teto	Plafon
Torneira	Slavina
Vassoura	Metla

Chocolate
Čokolada

Açúcar	Šećera
Amargo	Gorka
Amendoins	Kikiriki
Antioxidante	Antioksidans
Aroma	Arome
Artesanal	Zanatski
Cacau	Kakao
Calorias	Kalorija
Caramelo	Karamel
Coco	Kokos
Delicioso	Ukusno
Doce	Slatko
Exótico	Egzotične
Favorito	Omiljeni
Gosto	Ukus
Ingrediente	Sastojak
Pó	Prah
Qualidade	Kvalitet
Receita	Recept

Churrascos
Роштиљ

Almoço	Ručak
Convite	Poziv
Crianças	Deca
Facas	Noževi
Família	Porodica
Fome	Glad
Frango	Pile
Fruta	Voće
Grelha	Roštilj
Jantar	Večera
Jogos	Igre
Legumes	Povrće
Molho	Sos
Música	Muzika
Pimenta	Biber
Quente	Vruće
Sal	So
Saladas	Salate
Tomates	Paradajz
Verão	Leto

Cidade
Grad

Aeroporto	Aerodrom
Banco	Banke
Biblioteca	Biblioteke
Cinema	Bioskop
Escola	Škola
Estádio	Stadion
Farmácia	Apoteke
Florista	Cvećar
Galeria	Galerija
Hotel	Hotel
Jardim Zoológico	Zoo Vrt
Livraria	Knjižara
Mercado	Tržište
Museu	Muzej
Padaria	Pekara
Restaurante	Restoran
Salão	Salon
Supermercado	Supermarketa
Teatro	Pozorište
Universidade	Univerzitet

Ciência
Nauka

Átomo	Atom
Cientista	Naučnik
Clima	Klima
Dados	Podataka
Evolução	Evolucije
Fato	Stvari
Física	Fizike
Fóssil	Fosil
Gravidade	Gravitacije
Hipótese	Hipoteze
Laboratório	Laboratorija
Método	Metod
Minerais	Minerala
Moléculas	Molekula
Natureza	Priroda
Observação	Posmatranje
Organismo	Organizma
Partículas	Čestice
Plantas	Biljke
Químico	Hemijske

Clima
Vreme

Arco-Íris	Duga
Atmosfera	Atmosfera
Brisa	Povetarac
Céu	Nebo
Clima	Klima
Furacão	Uragan
Gelo	Led
Monção	Monsun
Nevoeiro	Magla
Nuvem	Oblak
Polar	Polarni
Relâmpago	Munje
Seca	Suše
Seco	Suva
Temperatura	Temperatura
Tempestade	Oluja
Tornado	Tornado
Tropical	Tropske
Trovão	Grmljavina
Vento	Vetar

Comida # 2
Храна # 2

Alcachofra	Artičoke
Amêndoa	Badem
Arroz	Pirinač
Banana	Banane
Beringela	Patlidžan
Brócolis	Brokoli
Cereja	Višnje
Chocolate	Čokolada
Cogumelo	Gljiva
Frango	Pile
Iogurte	Jogurt
Kiwi	Kivi
Maçã	Jabuka
Ovo	Jaje
Peixe	Ribe
Presunto	Šunka
Queijo	Sir
Tomate	Paradajz
Trigo	Pšenice
Uva	Grožđa

Comida #1
Храна Бр.

Açúcar	Šećera
Alho	Beli Luk
Amendoim	Kikiriki
Atum	Tuna
Bolo	Torta
Canela	Cimet
Cebola	Luk
Cenoura	Šargarepa
Cevada	Ječam
Damasco	Kajsije
Espinafre	Spanać
Leite	Mleka
Limão	Limun
Manjericão	Bosiljak
Morango	Jagoda
Nabo	Repa
Sal	So
Salada	Salata
Sopa	Supa
Suco	Sok

Corpo Humano
Ljudsko Telo

Boca	Usta
Cabeça	Glava
Cérebro	Mozak
Coração	Srce
Cotovelo	Lakat
Dedo	Prst
Joelho	Koleno
Mandíbula	Vilice
Mão	Ruka
Nariz	Nos
Olho	Oko
Ombro	Rame
Orelha	Uvo
Pele	Koža
Perna	Nogu
Pescoço	Vrat
Queixo	Brada
Sangue	Krv
Testa	Čelo
Tornozelo	Skočni Zglob

Criatividade
Kreativnost

Artístico	Umetničke
Autenticidade	Autentičnost
Clareza	Jasnoće
Dramático	Dramatičan
Emoções	Emocija
Espontânea	Spontani
Expressão	Izraz
Habilidade	Veština
Imagem	Slika
Imaginação	Mašte
Impressão	Utisak
Inspiração	Inspiracija
Intensidade	Intenzitet
Intuição	Intuiciju
Inventivo	Inventivni
Sensação	Senzacija
Sentimentos	Osećanja
Visões	Vizije
Vitalidade	Vitalnost

Dança
Dance

Academia	Akademije
Alegre	Radosno
Arte	Umetnost
Clássico	Klasične
Coreografia	Koreografija
Corpo	Telo
Cultura	Kultura
Cultural	Kulturni
Emoção	Emocija
Ensaio	Probe
Expressivo	Izražajan
Graça	Grejs
Movimento	Pokret
Música	Muzika
Parceiro	Partner
Postura	Stav
Ritmo	Ritam
Tradicional	Tradicionalni
Visual	Vizuelni

Dias e Meses
Dani i Meseci

Abril	April
Agosto	Avgust
Ano	Godina
Calendário	Kalendar
Dezembro	Decembar
Domingo	Subota
Fevereiro	Februar
Janeiro	Januar
Julho	Jul
Junho	Jun
Mês	Meseca
Novembro	Novembar
Outubro	Oktobar
Quarta-Feira	Sreda
Quinta-Feira	Četvrtak
Segunda-Feira	Ponedeljak
Semana	Nedelja
Setembro	Septembar
Sexta-Feira	Petak
Terça	Utorak

Diplomacia
Diplomatija

Cidadãos	Građana
Comunidade	Zajednica
Conflito	Sukoba
Consultor	Savetnik
Cooperação	Saradnja
Diplomático	Diplomatske
Discussão	Diskusije
Embaixada	Ambasade
Embaixador	Ambasador
Ética	Etike
Governo	Vlada
Humanitário	Humanitarne
Integridade	Integritet
Justiça	Pravda
Línguas	Jezika
Política	Politike
Resolução	Rezolucija
Segurança	Sigurnost
Solução	Rešenje
Tratado	Ugovora

Dirigindo
Vožnja

Acidente	Nesreća
Caminhão	Kamion
Carro	Kola
Combustível	Gorivo
Cuidado	Oprez
Estrada	Put
Freios	Kočnice
Garagem	Garaža
Gás	Gas
Licença	Licencu
Mapa	Mapa
Motocicleta	Motor
Pedestre	Pešak
Perigo	Opasnost
Polícia	Policija
Rua	Ulici
Segurança	Sigurnost
Transporte	Prevoz
Tráfego	Saobraćaja
Túnel	Tunel

Disciplinas Científicas
Naučne Discipline

Anatomia	Anatomije
Arqueologia	Arheologije
Astronomia	Astronomije
Biologia	Biologije
Bioquímica	Biohemije
Botânica	Botanike
Cinesiologia	Kineziologije
Ecologia	Ekologije
Fisiologia	Fiziologije
Geologia	Geologije
Imunologia	Imunologije
Linguística	Lingvistike
Meteorologia	Meteorologije
Mineralogia	Mineralogija
Neurologia	Neurologije
Psicologia	Psihologije
Química	Hemije
Sociologia	Sociologije
Termodinâmica	Termodinamike
Zoologia	Zoologije

Doença
Bolest

Abdominal	Trbušnjaci
Alergias	Alergije
Contagioso	Zarazne
Coração	Srce
Corpo	Telo
Crônica	Hronične
Fraco	Slab
Genético	Genetske
Hereditário	Nasledne
Imunidade	Imunitet
Inflamação	Upalu
Lombar	Lumbalne
Neuropatia	Neuropatija
Ossos	Kosti
Patógenos	Patogena
Pulmonar	Plućne
Respiratório	Respiratorna
Saúde	Zdravlje
Síndrome	Sindrom
Terapia	Terapija

Ecologia
Ekologija

Clima	Klima
Comunidades	Zajednice
Diversidade	Raznolikost
Fauna	Faune
Flora	Flore
Global	Globalno
Habitat	Stanište
Marinho	Morskih
Montanhas	Planine
Natural	Prirodno
Natureza	Priroda
Pântano	Močvara
Plantas	Biljke
Recursos	Resurse
Seca	Suše
Sobrevivência	Opstanak
Sustentável	Održiv
Variedade	Različite
Vegetação	Vegetacije
Voluntários	Volontera

Edifícios
Zgrade

Apartamento	Stan
Castelo	Zamak
Celeiro	Ambar
Cinema	Bioskop
Embaixada	Ambasade
Escola	Škola
Estádio	Stadion
Fazenda	Farmi
Fábrica	Fabrike
Garagem	Garaža
Hospital	Bolnica
Hotel	Hotel
Laboratório	Laboratorija
Museu	Muzej
Observatório	Opservatorije
Supermercado	Supermarketa
Teatro	Pozorište
Tenda	Šator
Torre	Kula
Universidade	Univerzitet

Energia
Energija

Ambiente	Okruženju
Bateria	Baterije
Calor	Toplote
Carbono	Ugljenik
Combustível	Gorivo
Diesel	Dizel
Elétrico	Električni
Elétron	Elektron
Entropia	Entropije
Fóton	Foton
Gasolina	Benzin
Hidrogênio	Vodonik
Indústria	Industrija
Motor	Motor
Nuclear	Nuklearne
Poluição	Zagađenja
Renovável	Obnovljive
Sol	Sunce
Turbina	Turbinu
Vento	Vetar

Engenharia
Инжењерска Уметност

Atrito	Trenja
Ângulo	Ugao
Cálculo	Obračun
Construção	Konstrukcija
Diagrama	Dijagram
Diâmetro	Prečnik
Diesel	Dizel
Dimensões	Dimenzije
Distribuição	Distribucija
Eixo	Ose
Energia	Energija
Estabilidade	Stabilnost
Estrutura	Struktura
Força	Snage
Líquido	Tečnog
Máquina	Mašina
Medição	Merenje
Motor	Motor
Profundidade	Dubina
Propulsão	Pogon

Especiarias
Začini

Açafrão	Šafran
Alcaçuz	Sladiće
Alho	Beli Luk
Amargo	Gorka
Anis	Anisa
Azedo	Kiselo
Baunilha	Vanile
Canela	Cimet
Cardamomo	Kardamom
Caril	Kari
Cebola	Luk
Coentro	Korijander
Cominho	Kumin
Cravo	Karanfilić
Doce	Slatko
Funcho	Komorač
Gengibre	Đumbir
Pimenta	Biber
Sabor	Ukus
Sal	So

Ética
Etika

Altruísmo	Altruizma
Bondade	Ljubaznost
Compaixão	Saosećanje
Cooperação	Saradnja
Dignidade	Dostojanstvo
Diplomático	Diplomatske
Filosofia	Filozofije
Honestidade	Iskrenost
Humanidade	Čovečanstvo
Integridade	Integritet
Otimismo	Optimizam
Paciência	Strpljenja
Racionalidade	Racionalnost
Razoável	Razumno
Realismo	Realizma
Respeitoso	Poštovanja
Sabedoria	Mudrost
Tolerância	Tolerancije
Valores	Vrednosti

Família
Porodica

Antepassado	Predak
Avó	Baka
Criança	Dete
Crianças	Deca
Esposa	Supruga
Filha	Ćerka
Infância	Detinjstva
Irmã	Sestra
Irmão	Brat
Marido	Muž
Materno	Majčinske
Mãe	Majka
Neto	Unuk
Pai	Otac
Paterno	Očinske
Primo	Rođak
Sobrinha	Nećakinja
Sobrinho	Nećak
Tia	Tetka
Tio	Ujak

Fazenda #1
Фарма Бр.

Abelha	Pčela
Agricultura	Poljoprivrede
Arroz	Pirinač
Água	Voda
Bezerro	Tele
Burro	Magarac
Cabra	Koza
Campo	Polje
Cavalo	Konj
Cão	Pas
Cerca	Ograde
Corvo	Vrana
Feno	Seno
Fertilizante	Đubriva
Frango	Pile
Gato	Mačka
Mel	Med
Porco	Svinja
Rebanho	Jato
Vaca	Krava

Fazenda #2
Фарма # 2

Agricultor	Farmer
Animais	Životinje
Celeiro	Ambar
Cevada	Ječam
Colmeia	Košnica
Cordeiro	Jagnje
Fruta	Voće
Irrigação	Navodnjavanje
Leite	Mleka
Lhama	Lame
Maduro	Zrele
Milho	Kukuruz
Ovelha	Ovce
Pastor	Pastir
Pato	Patka
Pomar	Voćnjak
Prado	Livada
Trator	Traktor
Trigo	Pšenice
Vegetal	Povrća

Férias #2
Одмор # 2

Aeroporto	Aerodrom
Destino	Odredište
Estrangeiro	Stranac
Feriado	Odmor
Fotos	Fotografije
Hotel	Hotel
Ilha	Ostrvo
Lazer	Slobodno
Mapa	Mapa
Mar	More
Montanhas	Planine
Passaporte	Pasoš
Praia	Plaža
Reservas	Rezervacije
Restaurante	Restoran
Táxi	Taksi
Tenda	Šator
Transporte	Prevoz
Viagem	Putovanje
Visto	Viza

Ficção Científica
Naučna Fantastika

Atómico	Atomske
Cinema	Bioskop
Distante	Dalekoj
Distopia	Distopija
Explosão	Eksplozije
Extremo	Ekstremne
Fantástico	Fantastičan
Fogo	Požar
Futurista	Futuristički
Galáxia	Galaksija
Ilusão	Iluzije
Imaginário	Imaginarne
Livros	Knjige
Misterioso	Tajanstven
Mundo	Svet
Oráculo	Proročište
Planeta	Planete
Robôs	Robota
Tecnologia	Tehnologija
Utopia	Utopije

Filantropia
Добротворна Организација

Caridade	Milostinju
Comunidade	Zajednica
Contatos	Kontakti
Crianças	Deca
Desafios	Izazova
Finança	Finansija
Fundos	Sredstva
Generosidade	Velikodušnost
Global	Globalno
Grupos	Grupe
História	Istorija
Honestidade	Iskrenost
Humanidade	Čovečanstvo
Juventude	Mladost
Missão	Misija
Necessidade	Treba
Objetivos	Ciljeve
Pessoas	Ljudi
Programas	Programi
Público	Javni

Física
Fizika

Aceleração	Ubrzanje
Átomo	Atom
Caos	Haos
Densidade	Gustine
Elétron	Elektron
Fórmula	Formulu
Frequência	Frekvencija
Gás	Gas
Gravidade	Gravitacije
Magnetismo	Magnetizam
Massa	Mase
Mecânica	Mehanike
Molécula	Molekul
Motor	Motor
Nuclear	Nuklearne
Partícula	Čestica
Químico	Hemijske
Relatividade	Relativnost
Universal	Univerzalna
Velocidade	Brzine

Flores
Cveće

Buquê	Buket
Dente-De-Leão	Maslačak
Gardênia	Gardenija
Girassol	Suncokret
Hibisco	Hibiskus
Jasmim	Jasmin
Lavanda	Lavande
Lilás	Jorgovan
Lírio	Lili
Magnólia	Magnolije
Margarida	Dejzi
Orquídea	Orhideja
Papoula	Maka
Peônia	Božur
Pétala	Latica
Plumeria	Plumerija
Rosa	Ruža
Trevo	Detelina
Tulipa	Lala

Floresta Tropical
Rainforest

Anfíbios	Vodozemci
Botânico	Botanički
Clima	Klima
Comunidade	Zajednica
Diversidade	Raznolikost
Espécies	Vrste
Indígena	Autohtonih
Insetos	Insekti
Mamíferos	Sisara
Musgo	Mahovina
Natureza	Priroda
Nuvens	Oblaci
Pássaros	Ptice
Preservação	Očuvanje
Refúgio	Utočište
Respeito	Poštovati
Restauração	Restauracija
Selva	Džungli
Sobrevivência	Opstanak
Valioso	Vredne

Força e Gravidade
Sila i Gravitacija

Atrito	Trenja
Centro	Centar
Descoberta	Otkriće
Dinâmico	Dinamičan
Distância	Udaljenost
Eixo	Ose
Expansão	Ekspanzija
Física	Fizike
Impacto	Uticaj
Magnetismo	Magnetizam
Mecânica	Mehanike
Movimento	Pokretu
Órbita	Orbitu
Peso	Težina
Planetas	Planete
Pressão	Pritisak
Propriedades	Svojstva
Rapidez	Brzina
Tempo	Vreme
Universal	Univerzalna

Frutas
Voće

Abacate	Avokado
Abacaxi	Ananas
Amora	Kupina
Baga	Berri
Banana	Banane
Cereja	Višnje
Coco	Kokos
Damasco	Kajsije
Figo	Fig
Framboesa	Maline
Kiwi	Kivi
Laranja	Pomorandža
Limão	Limun
Maçã	Jabuka
Mamão	Papaja
Manga	Mango
Nectarina	Nektarina
Pera	Kruške
Pêssego	Breskve
Uva	Grožđa

Geografia
Geografija

Altitude	Visinu
Atlas	Atlas
Cidade	Grad
Continente	Kontinent
Equador	Ekvator
Hemisfério	Hemisfere
Ilha	Ostrvo
Mapa	Mapa
Mar	More
Meridiano	Meridijan
Montanha	Planine
Mundo	Svet
Norte	Sever
Oceano	Okean
Oeste	Zapad
País	Zemlju
Região	Regiona
Rio	Reke
Sul	Jug
Território	Teritorije

Geologia
Geologija

Ácido	Kiseline
Camada	Sloj
Caverna	Kaverna
Cálcio	Kalcijum
Continente	Kontinent
Coral	Koral
Cristais	Kristala
Erosão	Erozije
Estalactite	Stalaktit
Estalagmites	Stalagmita
Fóssil	Fosil
Lava	Lava
Minerais	Minerala
Pedra	Kamen
Platô	Plato
Quartzo	Kvarc
Sal	So
Terremoto	Zemljotres
Vulcão	Vulkan
Zona	Zoni

Geometria
Geometrija

Altura	Visina
Ângulo	Ugao
Cálculo	Obračun
Círculo	Krug
Curva	Krive
Diâmetro	Prečnik
Dimensão	Dimenziju
Equação	Jednačina
Horizontal	Horizontalne
Lógica	Logike
Massa	Mase
Mediana	Medijana
Paralelo	Paralelni
Proporção	Procenat
Segmento	Segment
Simetria	Simetrija
Superfície	Površina
Teoria	Teorije
Triângulo	Trougao
Vertical	Vertikalne

Governo
Vlade

Cidadania	Državljanstva
Civil	Civilni
Constituição	Ustav
Democracia	Demokratije
Discurso	Govor
Discussão	Diskusije
Distrito	Okrug
Estado	Države
Igualdade	Jednakost
Independência	Nezavisnost
Judicial	Sudske
Justiça	Pravda
Lei	Zakon
Liberdade	Slobode
Líder	Lider
Monumento	Spomenik
Nacional	Nacionalna
Nação	Nacije
Política	Politike
Símbolo	Simbol

Herbalismo
Herbalizam

Açafrão	Šafran
Alecrim	Ruzmarin
Alho	Beli Luk
Aromático	Aromatično
Benéfico	Koristan
Coentro	Korijander
Estragão	Estragon
Flor	Cvet
Funcho	Komorač
Ingrediente	Sastojak
Jardim	Bašta
Lavanda	Lavande
Manjericão	Bosiljak
Manjerona	Majoran
Orégano	Origano
Planta	Biljka
Qualidade	Kvalitet
Sabor	Ukus
Salsa	Peršun
Verde	Zelen

Imigração
Imigracija

Adultos	Odrasli
Ajuda	Pomoć
Aprovação	Odobrenje
Comunicação	Komunikacija
Crianças	Deca
Documentos	Dokumenti
Estresse	Stres
Financiamento	Finansiranje
Fronteiras	Ivice
Habitação	Stambeni
Lei	Zakon
Língua	Jezik
Negociação	Pregovaranja
Oficial	Oficir
Prazo	Rok
Processo	Proces
Proteção	Zaštita
Situação	Situacija
Solução	Rešenje

Instrumentos Musicais
Muzički Instrumenti

Bandolim	Mandolina
Banjo	Bendžo
Baquetas	Batak
Clarinete	Klarinet
Fagote	Fagot
Flauta	Flauta
Gaita	Harmonika
Gongo	Gong
Harpa	Harfe
Oboé	Obou
Pandeiro	Tamburaša
Percussão	Udaraljke
Piano	Klavir
Saxofone	Saksofon
Tambor	Bubanj
Trombone	Trombon
Trompete	Truba
Violão	Gitara
Violino	Violinu
Violoncelo	Violončelo

Jardim
Гарден

Ancinho	Grablje
Arbusto	Grm
Árvore	Drvo
Banco	Klupa
Cerca	Ograde
Flor	Cvet
Garagem	Garaža
Grama	Trava
Gramado	Travnjak
Jardim	Bašta
Lagoa	Jezeru
Maca	Viseća
Mangueira	Crevo
Pá	Lopata
Pomar	Voćnjak
Solo	Zemlja
Terraço	Terasa
Trampolim	Trampolin
Varanda	Trem
Videira	Vajn

Jardinagem
Baštovanstvo

Água	Voda
Botânico	Botanički
Buquê	Buket
Clima	Klima
Comestível	Jestivo
Composto	Kompost
Espécies	Vrste
Exótico	Egzotične
Flor	Cvet
Floral	Cvetni
Folha	List
Folhagem	Lišće
Mangueira	Crevo
Pomar	Voćnjak
Recipiente	Kontejner
Sazonal	Sezonski
Sementes	Seme
Solo	Zemlja
Sujeira	Prljavštine
Umidade	Vlage

Jazz
Džez

Artista	Umetnik
Álbum	Album
Bateria	Bubnjevi
Canção	Pesma
Composição	Sastav
Compositor	Kompozitor
Concerto	Koncert
Estilo	Stil
Ênfase	Naglasak
Famoso	Poznat
Favoritos	Favorita
Gênero	Žanr
Improvisação	Improvizacije
Música	Muzika
Novo	Nova
Orquestra	Orkestar
Ritmo	Ritam
Talento	Talenat
Técnica	Tehnika
Velho	Stari

Literatura
Književnost

Analogia	Analogija
Análise	Analiza
Anedota	Anegdota
Autor	Autor
Biografia	Biografija
Comparação	Poređenje
Conclusão	Zaključak
Descrição	Opis
Diálogo	Dijalog
Estilo	Stil
Ficção	Fikcija
Metáfora	Metafora
Narrador	Narator
Opinião	Mišljenje
Poema	Pesma
Rima	Rime
Ritmo	Ritam
Romance	Roman
Tema	Tema
Tragédia	Tragedije

Livros
Knjige

Autor	Autor
Aventura	Avantura
Coleção	Kolekcija
Contexto	Kontekst
Dualidade	Dvojnost
Escrito	Napisan
Épico	Epske
História	Priča
Histórico	Istorijski
Inventivo	Inventivni
Leitor	Čitač
Literário	Književne
Narrador	Narator
Página	Strana
Poema	Pesma
Poesia	Poezije
Relevante	Relevantno
Romance	Roman
Série	Serija
Trágico	Tragične

Mamíferos
Sisari

Baleia	Kit
Camelo	Kamile
Canguru	Kengur
Castor	Dabar
Cavalo	Konj
Cão	Pas
Coelho	Zec
Coiote	Kojota
Elefante	Slon
Gato	Mačka
Girafa	Žirafa
Golfinho	Delfin
Gorila	Gorila
Leão	Lav
Lobo	Vuk
Macaco	Majmun
Ovelha	Ovce
Raposa	Lisica
Touro	Bik
Zebra	Zebra

Matemática
Matematike

Aritmética	Aritmetika
Ângulos	Uglova
Circunferência	Obim
Decimal	Decimalne
Diâmetro	Prečnik
Equação	Jednačina
Expoente	Eksponent
Fração	Frakcija
Geometria	Geometrije
Paralelo	Paralelni
Paralelogramo	Paralelogram
Perímetro	Perimetar
Perpendicular	Upravno
Polígono	Poligona
Quadrado	Kvadrat
Raio	Radijus
Retângulo	Pravougaonik
Simetria	Simetrija
Triângulo	Trougao
Volume	Volumen

Material de Arte
Umetnički Pribor

Acrílico	Akril
Apagador	Gumica
Aquarelas	Akvareli
Argila	Klej
Água	Voda
Cadeira	Stolica
Carvão	Ugalj
Cavalete	Stalak
Câmera	Kamera
Cola	Lepak
Cores	Boje
Criatividade	Kreativnost
Escovas	Četke
Lápis	Olovke
Mesa	Sto
Óleo	Ulje
Papel	Papir
Pastels	Pastela
Tinta	Mastilo

Medições
Меасурементс

Altura	Visina
Byte	Bajt
Centímetro	Centimetar
Comprimento	Dužina
Decimal	Decimalne
Grama	Gram
Grau	Stepen
Largura	Širina
Litro	Litar
Massa	Mase
Metro	Metar
Minuto	Minut
Onça	Unca
Peso	Težina
Polegada	Inča
Profundidade	Dubina
Quilograma	Kilogram
Quilômetro	Kilometar
Tonelada	Tona
Volume	Volumen

Meditação
Meditacija

Aceitação	Prihvatanje
Acordado	Budan
Atenção	Pažnja
Bondade	Ljubaznost
Clareza	Jasnoće
Compaixão	Saosećanje
Emoções	Emocija
Ensinamentos	Učenja
Gratidão	Zahvalnost
Mental	Mentalne
Mente	Um
Movimento	Pokret
Música	Muzika
Natureza	Priroda
Observação	Posmatranje
Paz	Mir
Pensamentos	Misli
Perspectiva	Perspektive
Postura	Stav
Silêncio	Tišina

Mitologia
Mitologija

Arquétipo	Arhetip
Ciúmes	Ljubomore
Comportamento	Ponašanje
Criação	Stvaranje
Criatura	Stvorenje
Cultura	Kultura
Desastre	Katastrofe
Força	Snage
Guerreiro	Ratnik
Heroína	Heroina
Herói	Heroj
Imortalidade	Besmrtnost
Labirinto	Lavirint
Lenda	Legenda
Mágico	Magične
Monstro	Čudovište
Mortal	Smrtni
Relâmpago	Munje
Trovão	Grmljavina
Vingança	Osveta

Moda
Moda

Acessível	Povoljnim
Bordado	Vez
Botões	Dugmad
Boutique	Butik
Caro	Skupo
Confortável	Udoban
Elegante	Elegantan
Estilo	Stil
Medidas	Mere
Minimalista	Minimalista
Moderno	Moderan
Modesto	Skroman
Original	Originalne
Prático	Praktične
Renda	Čipke
Roupa	Odeću
Simples	Jednostavan
Tecido	Tkanina
Tendência	Trend
Textura	Teksture

Música
Muzika

Álbum	Album
Balada	Balada
Cantar	Pevam
Cantor	Pevačica
Clássico	Klasične
Coro	Hor
Gravação	Snimanje
Harmonia	Harmonije
Improvisar	Improvizujem
Instrumento	Instrument
Lírico	Lirski
Melodia	Melodi
Microfone	Mikrofon
Musical	Muzičke
Músico	Muzičar
Ópera	Opere
Poético	Pesničke
Ritmo	Ritam
Tempo	Tempo
Vocal	Vokal

Natureza
Priroda

Abelhas	Pčele
Abrigo	Sklonište
Animais	Životinje
Ártico	Arktik
Beleza	Lepota
Deserto	Pustinji
Dinâmico	Dinamičan
Erosão	Erozije
Floresta	Šuma
Folhagem	Lišće
Geleira	Glečer
Nevoeiro	Magla
Nuvens	Oblaci
Pacífico	Mirno
Rio	Reke
Santuário	Svetilište
Selvagem	Divlja
Sereno	Spokojan
Tropical	Tropske
Vital	Vitalni

Negócios
Biznis

Carreira	Karijera
Custo	Troška
Desconto	Popust
Dinheiro	Novac
Economia	Ekonomije
Empregado	Zaposlenog
Empregador	Poslodavca
Empresa	Kompanija
Escritório	Kancelarije
Fábrica	Fabrike
Finança	Finansija
Impostos	Porez
Investimento	Investicija
Loja	Radnju
Lucro	Dobit
Mercadoria	Robe
Moeda	Valute
Orçamento	Budžet
Rendimento	Prihod
Venda	Prodaja

Nutrição
Ishrana

Amargo	Gorka
Apetite	Apetit
Calorias	Kalorija
Comestível	Jestivo
Dieta	Dijeta
Digestão	Varenje
Equilibrado	Uravnotežen
Fermentação	Fermentacije
Ingredientes	Sastojci
Líquidos	Tečnosti
Molho	Sos
Peso	Težina
Porção	Deo
Proteínas	Proteina
Qualidade	Kvalitet
Sabor	Ukus
Saudável	Zdrav
Saúde	Zdravlje
Toxina	Otrov
Vitamina	Vitamin

Números
Brojevi

Cinco	Pet
Decimal	Decimalne
Dez	Deset
Dezesseis	Šesnaest
Dezessete	Sedamnaest
Dezoito	Osamnaest
Dois	Dva
Doze	Dvanaest
Nove	Devet
Oito	Osam
Quatorze	Četrnaest
Quatro	Četiri
Quinze	Petnaest
Seis	Šest
Sete	Sedam
Treze	Trinaest
Três	Tri
Um	Jedan
Vinte	Dvadeset
Zero	Nula

Oceano
Okeana

Alga	Alge
Atum	Tuna
Baleia	Kit
Barco	Čamac
Camarão	Škampi
Caranguejo	Kraba
Coral	Koral
Enguia	Jegulja
Esponja	Sunđer
Golfinho	Delfin
Marés	Plime
Medusa	Meduza
Ostra	Ostriga
Peixe	Ribe
Polvo	Hobotnice
Recife	Greben
Sal	So
Tartaruga	Kornjača
Tempestade	Oluja
Tubarão	Ajkula

Paisagens
Pejzaži

Cascata	Vodopad
Caverna	Pećine
Colina	Brdo
Deserto	Pustinji
Geleira	Glečer
Golfo	Zaliv
Iceberg	Ledenog Brega
Ilha	Ostrvo
Lago	Jezero
Mar	More
Montanha	Planine
Oásis	Oaze
Oceano	Okean
Pântano	Močvara
Península	Poluostrvo
Praia	Plaža
Rio	Reke
Tundra	Tundre
Vale	Dolini
Vulcão	Vulkan

Países #1
Zemlje #1

Alemanha	Nemačka
Brasil	Brazil
Camboja	Kambodže
Canadá	Kanada
Egito	Egipat
Equador	Ekvador
Espanha	Španija
Finlândia	Finska
Iraque	Irak
Israel	Izrael
Itália	Italija
Índia	Indija
Mali	Mali
Marrocos	Maroko
Nicarágua	Nikaragva
Noruega	Norveška
Panamá	Panama
Polônia	Poljska
Senegal	Senegal
Venezuela	Venecuela

Países #2
Zemlje #2

Albânia	Albanija
Dinamarca	Danska
França	Francuske
Grécia	Grčke
Haiti	Haiti
Indonésia	Indonezija
Irlanda	Irska
Jamaica	Jamajka
Japão	Japan
Laos	Laos
Líbano	Liban
México	Meksiko
Nepal	Nepal
Nigéria	Nigerija
Paquistão	Pakistan
Rússia	Rusija
Síria	Sirije
Somália	Somalije
Ucrânia	Ukrajina
Uganda	Ugandi

Pássaros
Ptice

Avestruz	Noja
Águia	Orao
Cegonha	Roda
Cisne	Labud
Corvo	Vrana
Cuco	Kukavica
Flamingo	Flamingo
Frango	Pile
Gaivota	Galeb
Ganso	Guska
Garça	Heron
Ovo	Jaje
Papagaio	Papagaj
Pardal	Vrapca
Pato	Patka
Pavão	Paun
Pelicano	Pelikan
Pinguim	Pingvin
Pombo	Golub
Tucano	Tukan

Pesca
Ribolov

Água	Voda
Barbatanas	Peraja
Barco	Čamac
Brânquias	Škrge
Cesta	Korpi
Cozinhar	Kuvar
Equipamento	Oprema
Exagero	Preterivanja
Fio	Žice
Gancho	Kuka
Isca	Mamac
Lago	Jezero
Mandíbula	Vilice
Oceano	Okean
Paciência	Strpljenja
Peso	Težina
Praia	Plaža
Rio	Reke
Temporada	Sezona

Plantas
Biljke

Arbusto	Grm
Árvore	Drvo
Baga	Berri
Bambu	Bambus
Botânica	Botanike
Cacto	Kaktus
Erva	Herb
Feijão	Pasulj
Fertilizante	Đubriva
Flor	Cvet
Flora	Flore
Floresta	Šuma
Folhagem	Lišće
Grama	Trava
Hera	Bršljan
Jardim	Bašta
Musgo	Mahovina
Pétala	Latica
Raiz	Koren
Vegetação	Vegetacije

Profissões #1
Професије Бр.

Advogado	Advokat
Alfaiate	Krojač
Artista	Umetnik
Astrônomo	Astronom
Banqueiro	Bankar
Bombeiro	Vatrogasac
Caçador	Lovac
Cartógrafo	Kartograf
Cientista	Naučnik
Dançarino	Plesačica
Editor	Urednik
Embaixador	Ambasador
Enfermeira	Sestra
Geólogo	Geolog
Joalheiro	Zlatar
Marinheiro	Mornar
Músico	Muzičar
Pianista	Pijanista
Psicólogo	Psiholog
Veterinário	Veterinar

Profissões #2
Професије Бр.

Agricultor	Farmer
Astronauta	Astronauta
Bibliotecário	Bibliotekar
Biólogo	Biolog
Cirurgião	Hirurg
Dentista	Zubar
Engenheiro	Inženjer
Filósofo	Filozof
Fotógrafo	Fotograf
Ilustrador	Ilustrator
Inventor	Pronalazač
Investigador	Istraživač
Jardineiro	Baštovan
Jornalista	Novinar
Linguista	Lingvista
Médico	Lekar
Piloto	Pilot
Pintor	Slikar
Professor	Učitelj
Zoólogo	Zoolog

Psicologia
Psihologija

Avaliação	Procena
Clínico	Kliničke
Comportamento	Ponašanje
Compromisso	Sastanak
Conflito	Sukoba
Ego	Ego
Emoções	Emocija
Experiências	Iskustva
Inconsciente	Nesvesno
Infância	Detinjstva
Influências	Uticaja
Pensamentos	Misli
Percepção	Percepcije
Personalidade	Ličnosti
Problema	Problem
Realidade	Realnost
Sensação	Senzacija
Sonhos	Snove
Subconsciente	Podsvest
Terapia	Terapija

Química
Hemija

Alcalino	Alkalne
Ácido	Kiseline
Calor	Toplote
Carbono	Ugljenik
Catalisador	Katalizator
Cloro	Hlor
Elementos	Elementi
Elétron	Elektron
Enzima	Enzim
Gás	Gas
Hidrogênio	Vodonik
Íon	Jon
Líquido	Tečnog
Molécula	Molekul
Nuclear	Nuklearne
Orgânico	Organski
Oxigénio	Kiseonik
Peso	Težina
Sal	So
Temperatura	Temperatura

Restaurante # 2
Ресторан № 2

Almoço	Ručak
Água	Voda
Bebida	Napitak
Bolo	Torta
Cadeira	Stolica
Colher	Kašika
Delicioso	Ukusno
Especiarias	Začini
Fruta	Voće
Garçom	Kelner
Garfo	Viljuška
Gelo	Led
Jantar	Večera
Legumes	Povrće
Macarrão	Rezanci
Ovo	Jaja
Peixe	Ribe
Sal	So
Salada	Salata
Sopa	Supa

Roupas
Odeća

Avental	Kecelja
Blusa	Bluza
Calça	Pantalone
Camisa	Košulja
Casaco	Kaput
Chapéu	Šešir
Cinto	Pojas
Colar	Ogrlica
Jaqueta	Jaknu
Jeans	Farmerke
Luvas	Rukavice
Meias	Čarape
Moda	Moda
Pijama	Pidžame
Pulseira	Narukvica
Saia	Suknja
Sandálias	Sandale
Sapato	Cipela
Suéter	Džemper
Vestido	Haljina

Saúde e Bem-Estar #1
Zdravlje i Vellness #1

Altura	Visina
Ativo	Aktivan
Bactérias	Bakterija
Clínica	Klinici
Doutor	Lekar
Farmácia	Apoteke
Fome	Glad
Fratura	Prelom
Hábito	Navika
Hormones	Hormona
Medicina	Lek
Nervos	Živaca
Ossos	Kosti
Pele	Koža
Postura	Stav
Reflexo	Refleks
Relaxamento	Relaksacija
Terapia	Terapija
Tratamento	Tretman
Vírus	Virus

Saúde e Bem-Estar #2
Zdravlje i Vellness #2

Alergia	Alergije
Anatomia	Anatomije
Apetite	Apetit
Caloria	Kalorija
Corpo	Telo
Dieta	Dijeta
Digestão	Varenje
Doença	Bolest
Energia	Energija
Genética	Genetike
Higiene	Higijene
Hospital	Bolnica
Humor	Raspoloženje
Infecção	Infekcije
Massagem	Masaža
Peso	Težina
Recuperação	Oporavak
Sangue	Krv
Saudável	Zdrav
Vitamina	Vitamin

Tempo
Vreme

Agora	Sada
Ano	Godina
Antes	Pre
Anual	Godišnje
Calendário	Kalendar
Década	Decenije
Dia	Dan
Futuro	Budućnost
Hoje	Danas
Hora	Sat
Manhã	Jutro
Meio-Dia	Podne
Mês	Meseca
Minuto	Minut
Momento	Trenutak
Noite	Noć
Ontem	Juče
Passado	Prošlost
Semana	Nedelja
Século	Vek

Tipos de Cabelo
Tipovi Kose

Branco	Beo
Brilhante	Sjajna
Cachos	Lokne
Careca	Ćelav
Cinza	Siva
Colori	Obojene
Encaracolado	Kovrdžava
Fino	Tanak
Grosso	Debeo
Loiro	Plava
Longo	Dugo
Marrom	Braon
Ondulado	Talasasta
Prata	Srebro
Preto	Crna
Saudável	Zdrav
Seco	Suva
Suave	Meka
Trançado	Pleteni
Tranças	Pletenice

Universo
Univerzum

Asteróide	Asteroid
Astronomia	Astronomije
Astrônomo	Astronom
Atmosfera	Atmosfera
Celestial	Nebesko
Céu	Nebo
Cósmico	Kosmičke
Eon	Eon
Equador	Ekvator
Galáxia	Galaksija
Hemisfério	Hemisfere
Horizonte	Horizont
Inclinar	Nagib
Lua	Mesec
Órbita	Orbitu
Solar	Solarne
Solstício	Solsticija
Telescópio	Teleskop
Visível	Vidljive
Zodíaco	Zodijaka

Vegetais
Povrće

Abóbora	Bundeve
Aipo	Celer
Alcachofra	Artičoke
Alho	Beli Luk
Batata	Krompir
Beringela	Patlidžan
Brócolis	Brokoli
Cebola	Luk
Cenoura	Šargarepa
Chalota	Šalot
Cogumelo	Gljiva
Ervilha	Graška
Espinafre	Spanać
Gengibre	Đumbir
Nabo	Repa
Pepino	Krastavac
Rabanete	Rotkvica
Salada	Salata
Salsa	Peršun
Tomate	Paradajz

Veículos
Vozila

Ambulância	Hitnu
Avião	Avion
Balsa	Trajekt
Barco	Čamac
Bicicleta	Bicikl
Caminhão	Kamion
Caravana	Karavan
Carro	Kola
Foguete	Raketa
Helicóptero	Helikopter
Jangada	Splav
Lambreta	Skuter
Metrô	Metro
Motor	Motor
Ônibus	Autobus
Pneus	Gume
Submarino	Podmornice
Táxi	Taksi
Transporte	Šatl
Trator	Traktor

Parabéns

Conseguiu!

Esperamos que tenha gostado tanto deste livro como nós gostamos de o desenhar. Esforçamo-nos por criar livros da mais alta qualidade possível.
Esta edição foi concebida para proporcionar uma aprendizagem inteligente, de qualidade e divertida!

Gostou deste livro?

Um simples pedido

Estes livros existem graças às críticas que publica.
Pode ajudar-nos, deixando agora uma revisão?

Aqui está um pequeno link para
a sua página de revisão:

BestBooksActivity.com/Avaliacoes50

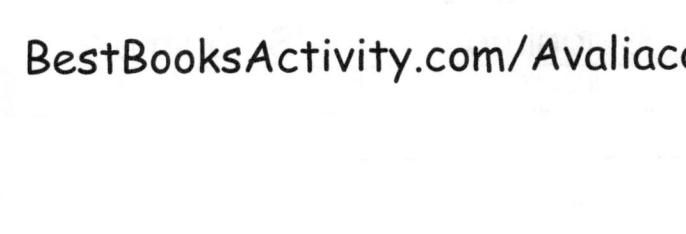

DESAFIO FINAL!

Desafio n° 1

Está pronto para o seu jogo grátis? Usamo-los a toda a hora, mas não são tão fáceis de encontrar - aqui estão os **Sinônimos!**
Escreva 5 palavras que encontrou nos puzzles (n° 21, n° 36, n° 76) e tente encontrar 2 sinónimos para cada palavra.

Escreva 5 palavras de **Puzzle 21**

Palavras	Sinônimo 1	Sinônimo 2

Escreva 5 palavras de **Puzzle 36**

Palavras	Sinônimo 1	Sinônimo 2

Escreva 5 palavras de **Puzzle 76**

Palavras	Sinônimo 1	Sinônimo 2

Desafio nº 2

Agora que já aqueceu, escreva 5 palavras que encontrou nos Puzzles (nº 9, nº 17 e nº 25) e tente encontrar 2 antônimos para cada palavra. Quantos se podem encontrar em 20 minutos?

Escreva 5 palavras de **Puzzle 9**

Palavras	Antônimo 1	Antônimo 2

Escreva 5 palavras de **Puzzle 17**

Palavras	Antônimo 1	Antônimo 2

Escreva 5 palavras de **Puzzle 25**

Palavras	Antônimo 1	Antônimo 2

Desafio nº 3

Óptimo! Este desafio final não é nada para si.

Pronto para o desafio final? Escolha 10 palavras que tenha descoberto nos diferentes puzzles e escreva-as abaixo.

1.	6.
2.	7.
3.	8.
4.	9.
5.	10.

Agora escreva um texto a pensar numa pessoa, num animal ou num lugar de seu agrado.

Pode utilizar a última página deste livro como um rascunho.

A Sua Composição:

CADERNO DE NOTAS:

ATÉ BREVE!

A equipa Inteira

DESCUBRA JOGOS GRATUITOS

GO

BESTACTIVITYBOOKS.COM/FREEGAMES